築地書館

辻正矩＋藤田美保＋守安あゆみ＋中尾有里：共著

こんな学校あったらいいな

小さな学校の大きな挑戦

もくじ

第4章 教育から社会を変える

まえがき

二〇〇四年四月、大阪府箕面《みのお》市に北摂地域で初めてのオルタナティブ・スクール[*1]『わくわく子ども学校』が誕生しました。この学校は、子どもの生活の中から生まれる興味関心を大切にし、子どもの主体性や自立性を育てる学校が日本にあってほしいと願う市民らが集ってつくったものです。「私たちは、子どもたち自らの意思で学ぶ新しいタイプの学校を構想しました。……そこでの教師の役割は、将来必要になる知識や技術を教え込むことではなくて、子どもたち一人ひとりの自立的な成長のプロセスを支援することにあります」と学校の設立趣意書には書かれていますが、このようなビジョンをもって、年齢混合のクラスで学ぶ、個別学習を中心とした学校をつくりました。

一斉授業・教科書中心のやり方ではなく、子どもの個性を尊重し、生活体験を大切にし、一人ひとりの子どものニーズに合った学習を支援する教育方法を模索してきました。最初に、子どもが自分で学習内容や学習ペースを決められるように学習計画表を作りました。これはフレネ教育[*2]で用いられている方法で、一週間分の学習計画をスタッフと相談しながら子どもが立てるというものです。開校して二年目になると子どもたちもこの方式に慣れてきて、自分が立てた計画を守ろうとするようになってきました。四、五年生にもなると、学習の喜びや反省すべき点などを書くようになり、やがて「勉強は人に言われたからやるのではなく、自分のためにするのだ」という自覚を持つようになってきました。

このようにして始まった『わくわく子ども学校』は、二〇〇九年に箕面市小野原に校舎を建て、名前も『箕面こどもの森学園』と改め、新たなスタートを切りました。それから五年の歳月が流れ、今ではわくわく子ども学校時代のことを知っている子どもたちの方が少なくなりました。しかし、『わくわく子ども学校』で培われた学びの経験や子どもの文化が受け継がれ、この学校の子どもたちは、毎日わくわくするような時間を過ごしています。その子らの輝いた表情を見るとそのことがよくわかります。

このような教育が日本でもできるのだということを、子育て中の人や子どもの教育に関心のある人、また、このような学校をつくりたいと思っている人に読んでいただきたくてこの本を書きました。ますます混迷が深まっていく日本の教育ですが、子どもの人格を尊重し、主体性を育むもう一つの教育の選択肢があることをお伝えできればと思います。

＊1——欧米の自由教育の思想と実践に影響を受けた人たちがつくった、独自の教育理念と方法を掲げた学校。

＊2——フランスの教育者セレスタン・フレネが公立学校での教育実践の中から生みだした、子どもの興味関心を中心に置いた自律的な教育法（コラム１参照）。

第1章 子どもが学びの主人公

子どもは、われわれの援助によって、
自身で自分の人格を築く

——セレスタン・フレネ

子どもが生まれ、はじめは泣くことしかできなかった赤ん坊が笑ったり、片言をしゃべったり、自分の足で歩きはじめるようになると、親は幸せな気持ちになります。その子が保育園や幼稚園に入園したときは、集団生活になじめるかちょっと心配になりますが、やがて子どもが園の生活になれると、親はほっと一息つきます。

その子が小学校に入学すると今までとは環境が大きく変わるので、親の悩みがはじまります。保育園や幼稚園であれほどはつらつとしていた子が、元気をなくしてつまらなそうにしていたり、勉強勉強と追いまくられているのを見ると、このままでよいのだろうかといった不安が頭をよぎります。子ども時代をもっとのびのびと過ごせないものだろうか。外国では学校生活に満足してる子どもの割合が多いという話を聞くと、次のような疑問が持ち上がります。

日本にも、もっと子どもが生き生きと学べる学校がないのだろうかと。

箕面こどもの森学園の子どもたちは、毎日学校に来るのが楽しみで、休みの日はつまらないと言います。わくわく胸を躍らせることがいっぱいある「子どもが学びの主人公」の学校の様子をお伝えしたいと思います。　ようこそ！　こどもの森へ

子どもの学ぶ意欲を育てる

いろんな年齢《とし》の子が混じって学ぶのがいい

「○○ってなに～？」

わからないことがあると、何でもすぐに聞いてくる一年生の男の子がいました。

「あのな、○○ってのはな～」

少し年上の子どもたちが、少し得意気になったり、とても優しい顔になったりしながら教えていきます。

この学校では、低学年クラス（一年生～三年生）、高学年クラス（四年生～六年生）の二クラスで学んでいます。どちらのクラスも十人前後の少人数クラス。子どもたち同士で教え合ったり、助け合ったりしている光景がよくみられます。

学ぶとは、もともと「まねぶ」という言葉からきたと言われています。

「○○ちゃんが作ったようなスカートがつくりたい」

「○○くんみたいに、調べたことをパソコンでまとめたい」

年上の子がやっていることをまねて、年下の子がチャレンジしてみることがよくあります。

私たちが参考にしているフランスのフレネ学校やオランダのイエナプランの学校では三学年にまたがるクラスで編成されています。これだと、三年の間にクラスの中で年下になったり年上になったりしますので、自ずと年上の子が年下の子を教えることになります。このようなクラスの中では周期的に立場が入れ替わるので、それぞれの立場を経験できて、自立的な成長が促されています。人にものを教えることは自分の知識を再確認することになるので、教えた子自身も学ぶことになり、自分の学びをより自覚的にとらえることにもなります。

ある時、スタッフが手招きするので行ってみると、一年生の男の子の本を読む声が聞こえてきます。そっとドアの隙間から部屋の中をのぞいてみると、三年生の女の子が側についていて、一年生が読むのにつかえると、やさしく読み方を教えてあげているではありませんか。

いろんな年齢の子と学ぶことの利点は、年上の子にもあります。「九九なんか面倒くさいから覚えんでいい」と言っていた女の子がいました。無理やりやっても仕方ないので、その子がやろうと思うまで待つことにしました。数カ月後、その子よりも年下の二年生の

子たちが「九九覚えるわ」と九九を覚え始めました。すると、だれも何も言わないのに、その子が一生懸命九九を覚え出したのです。そして、あれほど嫌がっていた九九を一カ月で覚えてしまいました。

いろんな年齢の子がいて、それぞれの興味関心や進度で学ぶことで、子どもたちは「みんな違って、みんないい」ということを、自然に感じ取っていきます。そうなると、一人ひとりの子どもたちが実に豊かにそれぞれの個性を表現していきます。歴史と電車が好きな子、木工、手芸が得意な子、動物や植物に詳しい子、パソコンに詳しい子などがいます。「歴史のことは、○○くんに聞けばわかるよな」、「電車の乗り換えがわからんから、○○くんに聞こう」、「○○ちゃん、ミシンの糸ってどうやってかけるんやった？」など、年齢に関係なく、子どもたちの中で学び合う関係が生まれてきます。

「ああ〜、それはな〜」頼られた子も、とてもいい顔をして説明しています。「子どもは、自分が役立ち、自分に役立ってくれる理性的な共同体の中で、自分の人格を最大限発展させる」とはフレネの言葉ですが、子どもは周りから必要とされ、人から認められることで自信と誇りをもつようになります。

自分を大切に思う気持ちを育てる

人の心は複雑です。人よりもできる自分、人よりも上にいる自分を誇らしく思ったり、安心したりする気持ちがあります。一方で、人と比べられるのはイヤだし、自分は自分だという気持ちも持っています。人よりも優れていることを誇る気持ちは『優越感』、自分自身であっていいという気持ちは『自己肯定感』と呼ばれます。自己肯定感は、優越感とは違って「特別な才能があるから自分が受け入れられているのではなく、自分の存在そのものが周りの人から受け入れられている」と感じる、ありのままの自分を肯定している気持ちのことで、『自尊感情』ともよばれます。

赤ちゃんのときは、親からすべての行為が無条件に受け入れられていたのに、大きくなるにつれて、これはいけない、あれもダメといった禁止事項ができてきて、叱られることが多くなります。そのことによって、子どもの心の中に親から愛されていないのではないかという不安と自分を否定する感情が芽生えます。そして、親から愛されるために自分のやりたい気持ちを抑えるか、あるいは親の目の届かないところでこっそりやるようになります。自分の気持ちを抑制した場合には不満感が、隠れてやった場合には罪悪感が残ります。それらの感情は、次第に自己肯定感を蝕《むしば》んでいきます。

子どもたちは、これからの長い人生でいろんなことに直面するでしょう。そんなとき、最終的な心の拠り所になるのは、知識でも地位でもなく、ありのままの自分でよいという自己肯定感です。これが人間が人間らしく生きるための基盤であり、根っこなのです。

それでは、その自己肯定感が育つためにどうすればいいのでしょう。その方法は、実はとても簡単です。子どもの声に耳を傾け、子どもがやりたいことをやらせる。そして、大人がその子の成果を認めてあげる。その結果、子どもには、自分は自分であってよいのだという自覚が芽生えます。

この学校には、自分のやりたいことがやれるプロジェクトという時間があります。木工が得意な男の子が四年生のときに「小屋を作りたい」と言って、一階建ての小屋を作りました。その小屋は、新たに一緒に作る友だちも加わり、二階建てとなりました。さらに五年生のとき「やぐらを作りたい」と言い出して、小屋の屋根から板を渡していけるやぐらを数人のグループで作りました。そして六年生になったら、やぐらの向かい側にもう一つのやぐらを立て、やぐらとやぐらの間を歩いて渡れる吊り橋を作りました。その間、スタッフは安全性に気を配りながら、遊具を作っている子たちのイメージが形になるように、子どもたちの作業を手伝いました。

ぼくたちで作った小屋とやぐら

校庭にある手作りの木の遊具は、「この橋、めっちゃゆれるわ」、「小屋の二階でお弁当食べるのが好き」と、学校の子どもたちの格好の遊び場になっています。自分のやりたいことが実現でき、それを周りから受け入れられる。この積み重ねによって、子どもの心の中に自己肯定感が育っていくのです。

学びたい気持ちはどこから来るのか

子どもが何かをするとき、自分から進んでやる場合と人から言われてやる場合とがあります。自発的にやるのは「内発的動機づけ」と呼ばれ、人から言われてやるのは「外発的動機づけ」と呼ばれています。「動機づけ」というのは、「ある目標を達成するために行動を起こし、それを持続する、目標達成へと導く内的な力」と定義されていますが、何かを成し遂げようとしているときに湧いてくるエネルギーのようなものです。

内発的な動機づけには、「好奇心」や「有能感」が深く関わっています。幼い子は好奇心のかたまりです。何か珍しいものを見つけると、それが何なのか、どう使うのかを知りたくて勝手にいじくり回して大人を困らせます。有能感は「自分は○○ができるという自信」のことで、たんなる思い込みではなく自分自身の成功体験に裏づけられた自信です。それは、人から認められるとどんどん育っていきます。

手芸が得意な女の子が、今まで家でやっていたテディベアづくりをプロジェクトで始

めました。大人顔負けの腕前に、「めっちゃかわいいし、めっちゃ上手！」、「すっごーい。すごすぎる！」、「うちにも教えて！」周りの子から大絶賛をあびました。「ああ～、これはな～」何人かの友だちにうれしそうに教え始めました。前の学校では、友だちから認めてもらえることが少なかった子でしたが、これらのことで、その子は少しずつ自信をとりもどしてきました。そして、苦手だった漢字の練習にも意欲的に取り組むようになりました。

　ある男の子がビー玉迷路を作ったときのこと。「やらせて！　やらせて！」、「ぼくもこんなの作りたい！」と、他の子どもたちの間にもビー玉迷路づくりのブームがおきました。その子は、次々とより難しいビー玉迷路を作り、夏祭りでは、自分の作ったビー玉迷路でゲームをするお店を出店しました。この子もそれから自信を得て、他の学習においてもしっかり計画を立てて学習できるようになりました。

　このように、周りの大人や友だちから認められることで自信を持ち、自己肯定感や有能感を高めるというケースはよくあります。小さいうちは大人から認められるとうれしいのですが、だんだん年齢が上がると仲間から認められた

いという思いが強くなり、同世代の子どもから認められることが大切になってきます。また、新しいことを学習して何かできるようになったときも、その子の有能感は高まります。そうなれば、そのことがもっとできるようになり、その結果、さらに有能感が高まるという好循環が起こります。好奇心や有能感の高い子どもは、内発的動機づけによって学習を進めていきます。

しかし、いつでも内発的動機づけで学習が進むとは限りません。そんな場合、大人はごほうびや罰を用います。これが、外発的動機づけです。ごほうびには、「ほめてもらう」、「何かを買ってもらう」、「どこかへ連れて行ってもらう」といったものがよくあります。ごほうびを多用すると、好奇心や有能感といった内発的意欲が減退するという副作用がありま す。悪い成績をとると叱ったり罰を与えるといったやり方もありますが、これは、子どものやる気を失わせるだけでなく、「自分は何をやってもダメなんだ」という劣等感や無能感を植え付けてしまうので好ましくありません。

内発的とも外発的とも判別しにくい動機づけもあります。たとえば、「○○高校に入るために勉強をする」、「○○さんと仲良くするためにゲームに付き合う」といった場合です。目標と手段が直接にはつながっていないが、かといって人から強制されたわけではなく、必要と考えて自らの意志で行うものです。これは「社会的動機づけ」と呼ばれています。

低学年の子が学ぶとき、その内容への興味関心、まわりの雰囲気、先生からの賞賛などによって動機づけられますが、どちらかというと内発的な動機づけが優勢です。これが高学年になると、内発的な動機づけは次第に後退し、「友だちといっしょにやりたいから」、「中学生になったとき困るから」、「将来、○○になるとき必要だから」といった社会的動機づけが優勢になります。そのこと自体はけっして悪いことではなくて、学習を始めるきっかけとして重要です。

算数は得意だけど漢字は大嫌いという男の子がいました。「漢字なんてめんどくさい」と二年生の頃は、得意な算数ばかりをやっていました。けれども五年生になったとき、「そろそろ漢字もやった方がいいよな～」と自分から一年生の漢字からやり始めました。そういうことを何回か繰り返し、六年生になったときは「中学でいるからやっとく」と、社会と理科のテキストをやることを自分で決め、全ページをコツコツとこなして卒業していきました。今、彼は高校生になっていますが、「勉強は、自分のためにやるもの」という意識をしっかりもっていて、自分の進路を見据えて自分に必要な学習や興味関心のあることに取り組んでいます。

このように、子どもたちが、内発的動機づけや社会的動機づけによって、主体的に学んでいくためには、学校の中にオープンなコミュニケーションを大切にする雰囲気が必要です。学校生活のいろいろな場面で、子ども同士が話し合う機会をできるだけ多くもつようにするとよいでしょう。この学校では、ハッピータイム（朝の会）や、テーマ学習、こと

ば共同（自由作文やテーマ作文）、全校集会、帰りのミーティングなどで、自分が興味をもっていることや意見を話したり、学校のルールを決めたり、一日の振り返りなどをやっています。いま自分がやっていることや関心のあることをみんなに聞いてもらったり、自分の意見が大切にされることによって、他者から尊重されている、受け入れられているという気持ちが生まれ、それらが自己肯定感や有能感を高めていくのです。

こどもの森での学び方

ふつうの学校では決まった時間割などあったりするけど、こどもの森では卒業するまで自分で時間割が決められるよ。

——多喜春華（二〇〇八年度卒業生）

学び方は人それぞれ

学校での勉強は、先生が言った通りのことがきちんとできるようになること、教科書に書いてあることを覚えることなどが中心になります。授業中は先生の指示に従わないといけないし、教室の中を勝手に動き回ることはできません。一日の活動は時間割に沿って行われ、今やっていることをもっと続けたいと思っても時間が来れば止めなければなりません。子どもの興味関心や一人ひとりの学びのペースに合わせて授業が進んで行くわけではないので、学習についていけなくなる子や、苦痛に感じる子が出てきてしまいます。

このような教育の中で長年過ごすと、「何をやりたいの？」と聞かれても、「わからん」、「べつに～」、「先生、つぎ何やるの？」と、子どもが受け身に育ちやすいのです。

“One size doesn’t fit all”という言葉がありますが、私たちはみんな違っていて、だれひとりとして同じ人間はいません。ですから、一つのやり方に全員を当てはめようとしても、合わない子がいるのは当然です。同じ時間に全員が同じ内容のことをしなくてもいい、同じ時間割で動かなくてもいい、人と違った学び方でもいいのだと認めることが大切です。

この学校には、ことば（国語）とかず（算数）、テーマ学習の他に、手芸や木工、調べ学習など、自分の興味から出発して子どもが独自に進めるプロジェクトという科目や、取るか取らないかを子どもが決めることのできる、音楽や英語、科学などの選択科目があります（図1）。

子どもたちは月ごと、さらに週ごとに自分の学習計画を立てます。自分がどこまでできるか、何をしたいか、いま自分に何が必要なのかを考えて、「今月のかずは比例と多角形のプリントをやる」、「今週は科学を選択せずに自分のプロジェクトを進める」、「この時間にはネコのぬいぐるみを作るけど、疲れてきたらビーズの作品を作って気分転換」などと

図1　箕面こどもの森学園の時間割

	月	火	水	木	金
9:00 ～ 9:20	ハッピータイム				
9:20 ～ 9:50 9:50 ～ 10:20	ことば・かず	ことば・かず/かず共同	ことば・かず	ことば・かず/かず共同	ことば・かず
10:20 ～ 10:40	中休み				
10:40 ～ 11:10 11:10 ～ 11:40	プロジェクト	テーマ	ことば共同	テーマ	プロジェクト/選択
11:40 ～ 13:00	昼休み		帰りの会/掃除	昼休み	
13:00 ～ 13:45	プロジェクト/選択	プロジェクト/選択		プロジェクト	学習計画
13:50 ～ 14:40				全校集会	プロジェクト
14:40 ～ 15:00	帰りの会/掃除			帰りの会/掃除	

計画するのです。

　鉄道が大好きで、時刻表を愛読している男の子が、「漢字って面倒くさいなぁ～」といいながら書き取りをしていました。ある日、スタッフが「歴史で漢字」という教材をつくり、高学年の子どもたちに「こんなのやってみない？」と提案しました。そこへやってきた鉄道好きの男の子。

「え！　こんな歴史とかで漢字やってもいいん？」

　まだ入学して日の浅い彼は驚きました。

「そうやで、駅の名前とかでもいいんよ」

「ほんまに!?　え、じゃあそうする。時刻表使ってもいいん？」

「もちろん」

　そう答えるや否や、彼は時刻表とにら

めっこしながら漢字の書き取りノートに駅名を一つずつ書いていきました。ノートには大阪から金沢へ向かう駅名が全て書き取られ、だれに言われるでもなく、難しい漢字の読み仮名も全て書かれていました。一つひとつ丸付けをするスタッフも、なんだか一緒に電車に乗って旅行をしている気分です。自分にとって最適の学習法を見つけた彼は、いそいそと学習に取り組み、二週間後には、ついに北海道までの駅名を完成させました。

自ら学習計画を立てるには、自分のことを知る必要があります。自分には何ができ、何ができないのか？　今、何が必要か？　自分にあった学習の進め方は？　だれに支援を求めたらよいか？　などと考えながら計画と実行を繰り返すのです。これはとても難しいことですが、真に効果のある学び方です。だれかにやらされるのではなく、自分で自分に合ったやり方を見つけ何度も試してみる。そうすることによって、自分の特性だけでなく、自分の存在自体を肯定できるようになります。

こんな人に育ってほしい

私たちの学校では、次の四つのことを大切にしています。「自分を表現する」、「自律して学習する」、「チャレンジする」、「協力して行動する」。この中に、私たちが理想とする人間の生き方が込められています。これらの言葉は、子どもたちだけにこの行動を促しているのではなくて、この学校の大人たちもこのような行動ができる人間になろうという目標でもあるのです。

「自分を表現する」というのは、「自分自身の考えや感情を言葉や行動で素直に表現する」ということですが、日本人の多くは人の前で自分のことを表現するのが苦手です。「目立つと恥ずかしい」、「でしゃばりと思われる」、「黙っていても周りの人が自分の気持ちを察してくれる」といった文化があるからでしょう。しかし、この言葉の大事なところは、「人に自分のことをもっと理解してもらう」ということです。表現することによって自分の考えていることや、やりたいことがいっそうはっきりします。その一方で、周りの人の表現に注目し理解するように努めなければなりません。

「自律して学習する」というのは、「自分で何を学ぶかを決める」、「学び方を学ぶ」ということです。人間は生まれながらに、「知りたい」、「やりたい」、「できるようになりたい」という意欲を持っているので、興味関心のあることならほとんど自力で学ぶことができます。ただ、それだけでなく、概念的なこと、科学的なこと、社会的なことなど、自分では気がつかないことも学ぶ必要があります。そのためには、周りからの適切な働きかけと援助が欠かせません。低学年から自律的な学習の経験を積み重ねると、高学年になると、「勉強はやらされるのではなくて、自分のためにやるものだ」という自覚が芽生えてきます。

「チャレンジする」とは、「がんばって自分には少し難しいと思われることをやってみる」という意味ですが、「チャレンジする」ということの重要な点は、「今の自分ではできないことが、他者からの手助けによってできるようになれば、次の機会には自力でやれるようになる」ということです。このように今の自分の能力の限界を試し、向上していくことが大切です。チャレンジ精神を養うことは、積極的に生きる力をつけ、自分を人間的に成長させる原動力になります。

「協力して行動する」とは、「子どもたちがそれぞれの個性を生かしながらも、みんなで力を合わせて物事をやりとげる」ということです。こどもの森の子どもたちは一見バラバラで勝手にやっているようだけど、いざという時はまとまって行動できます。何か行事をやるとき、各自の分担を決め、それぞれが分担した仕事を責任をもってやるという機会が多いからでしょう。もし、途中で子ども同士に意見の対立が起こったとしても、それを話し合って解決しながらやっていきます。このような実際の生活で起こるさまざまな問題を解決するという経験を通して、子どもたちは人間関係の持ち方を学び、社会性を身につけていくのです。

これらのことがちゃんと身につけられるように大人は

働きかけますが、そんなとき、子どもは大人たちの言う言葉ではなく、その人の行動に影響を受けます。見習うべき行動をする大人や仲間が身近にいるとき、子どもは自分自身を成長させることができるのです。

こどもの森の学習プログラム

この学校の学習プログラムは基礎学習、テーマ学習、プロジェクト学習、選択プログラムの四つの学習形式で構成されています（図2）。基礎学習には、ことば（国語）とかず（算数）があり、個別の学習計画にもとづいて進めます。ことばの学習内容は、自由作文、文章読解、漢字などですが、週に一回ある「ことば共同」という時間に、作文の朗読と文章の添削などを行います。

「かず」は、計算技術の習得だけでなく、それらを実際の生活の中に現れる数量的な問題と関連づけて学習します。スタッフが作ったかずの学習材を、自分の立てた学習計画にもとづいて、自分のペースで学んでいきます。週一回の「かず共同」では、学習レベルに応じた三つのグループに分かれて、新しい数の概念や問題の解き方、生活での応用などをスタッフの主導のもとで学びます。

テーマ学習では、〈いのち〉、〈くらし〉、〈社会〉、〈自然〉、〈科学〉の五つの領域の中か

図2　こどもの森の4つの学習形式

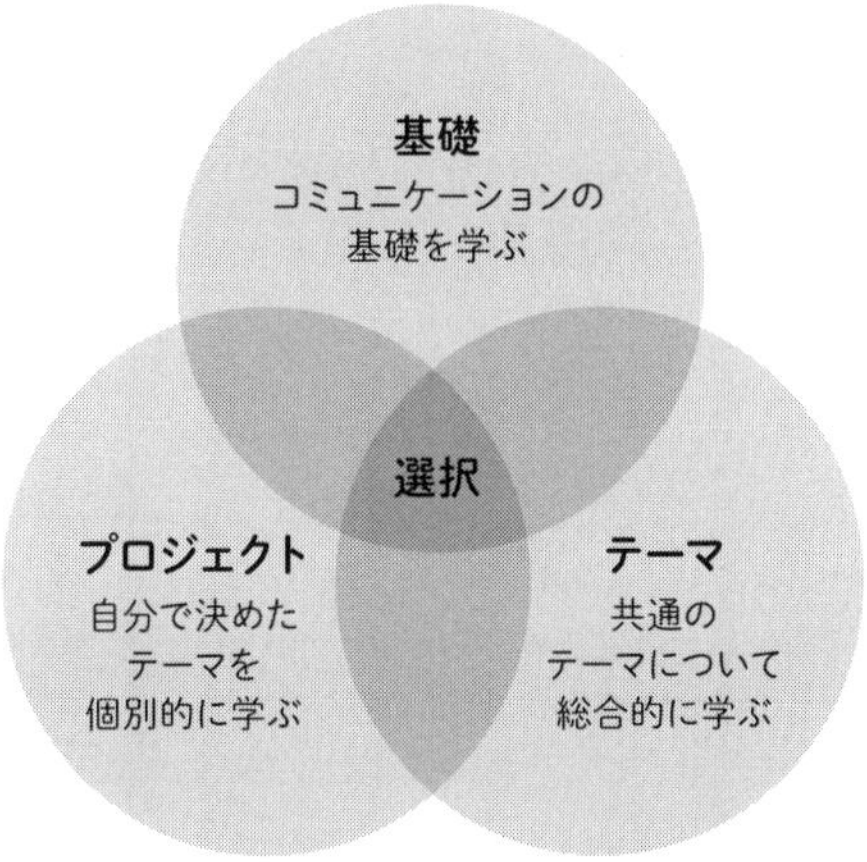

ら、その時々の学習テーマが設定されます。子どもたちは、そのテーマに関連のある事柄をグループで研究し、調べたことを文章や図表にまとめ、みんなの前で発表します。テーマに関わる事柄を本やインターネットで調べるだけでなく、できるだけ実物を見たり、現場に見学に行くことにしています。たとえば「おしごと」では、近くのケーキ屋さんの仕事場を見せてもらったり、パティシエの方に学校に来てもらって、デザートの盛りつけ方の実習をしてもらいました。こんなことができるのも、少人数の学校ならではの特典です。

プロジェクトは、自分がやりたいと思うテーマについて自分で学習計画を立て、準備し、実行します。手芸、工作、木工、料理、お菓子作り、調べ学習などいろいろなことができます。プロジェクトは、子どもの主体性が最も発揮される科目で、スタッフは相談や手伝いといった援助をするだけで、子ども自身の力で学習を進めていきます。

選択プログラムには、音楽、英語、からだづくり運動、アトリエ（創作活動）、科学と社会、しぜん（野外活動）などがあります。これらは固定したものではなく、その時々の必要性に応じて開かれます。

〈伝えることと受け止めることが大切——ことば共同の時間〉

フレネ教育の特色の一つに自由作文があります。自由作文とは、文字通り自由に作文を書きます。けれども、ただ作文を書くだけではありません。書いた作文をみんなの前で読んで、内容をみんなに伝えるのです。私たちの学校では、「ことば共同」の時間に自由作文を読み合っています。

ここで大切にしていることは、自分の目で見たこと、心で感じていることを文章にし、みんなに「伝える」ということと、伝えられたことを周りが「受け止める」ということです。その積み重ねが、自分自身を表現し、友だちを理解し認めることにつながっていきます。

子どもたちが書いたものには、捨て猫を拾い、病院に連れて行き、飼い主まで自分で探し、子猫の成長を楽しみにしていること、生きものや植物に目を向け発見したこと、広島に行って平和の大切さを知ったことなど、いろんな内容があります。書いた作文を読み合い、聴き合うことを通して、子どもたちはお互いの理解を深めるとともに、新たな気づきがあり、子どもたちの世界が広がります。

「ことば共同」の時間にテーマ作文を書いたり、作品鑑賞をすることもあります。テーマ作文では、作文を書く前に、まず子どもたちが選んだテーマについていろんな角度から話し合いますが、このことを私たちは「哲学する」と言っています。哲学するテーマは、「家族って何?」という日常的なものから、「四次元って何?」という非日常的なテーマまであります。テーマが易しくても難しくても、子どもたちは積極的に自分の考えを述べます。次の会話は、低学年クラスで「家族って何?」というテーマで話し合ったときのものです。

「家族がいるってどんな気持ち?」
「うれしい!」
「いてくれへんかったら不安になる」
「心強い」

家で一人ぼっちになったときや、夜寝るときのことを振り返っては、お父さんやお母さん、きょうだいの存在を確かめている様子。

「家族にとって大切なことってなんだろう？」

「うちはな、いのちやと思うねん」

「へぇ～　なんでいのちが大切って思うの？」

「だってな、いのちってつながってるやんか。おじいちゃんとおばあちゃんがおらんかったら、お父さんとお母さんがおらんかったら、うちは今ここにいいひんやんか、だからな、感謝してるねん」

「他に、家族に大切なことって、何かある？」

「やさしさ」

「助け合うこと」


シンプルな言葉の数々の中に、みんなの家族への想いが表れていました。少し横道にそれて、家族自慢もしながらの話し合いとなり、微笑ましくもあり、それぞれの家族のあり方を尊重し合っているように感じました。


こどもの森学園の子どもならではの意見も出てきました。

「子どもの（選ぶ）道を応援できるようなお母さんになりたい」

自分の家族を客観的に捉え、家族の中での自分のあり方と向き合っていた子どもたち。

四十分という長い時間でしたが、集中も途切れることのない、素晴らしい時間でした。
ことばは、自分を表現し、人と人をつないでいくための大切なツールです。

〈いろんな考え方がある――かず共同の時間〉

かずの学習は、自分のペースで進めて行く個別学習の「かず」と、グループで学習する「かず共同」があります。「かず」の個別学習では、数と計算・図形・数量関係などが単元別に六年間分の学習材が用意されています。学習材には、具体物を使ってする学習や学校での生活をもとに考える問題なども組み入れられています。学習を自分で計画して進めて行くので、一斉授業のように同じ学年の子が同じ日に同じ問題をしていることはありません。ですから、みんな他の人のことを気にせず自分のペースで学習しています。

「かず共同」の時間では、数人の子どもたちがグループになって一つの単元について学びます。答えを出すための道すじは一つではなく、いろんな考え方があっていいということを対話を通して学んでいきます。

たとえば、「分数」について学ぶとき、スタッフが次のように問いかけます。
「『2分の1』って、言い換えるとどんな風に表現できる?」
子どもたちはう~ん、と考えて自分の紙に書いていきます。

「『2分の1』は、1を2つに分けた数」
「半分」
「2つ集まったら1になる数」
「1÷2」
「0・5」
「5割」

本当にいろいろな表現が出てきます。

それぞれが考えた表し方をホワイトボードに書いていきました。他の人の表現を見て、自分の紙に書き加えます。このようにして、分数というものをいろいろな角度から考えることができるようになります。

「『10分の1』を小数に言い換えるには？」とスタッフが問いかけます。

「『10分の1』は、『1÷10』になって、それを筆算すると0・1になるね」と、一つひとつその過程を確認して進めていきます。

「じゃあ、0・1を分数で表すと『10分の1』になるけど、その間を説明したい人はいる？」と聞くと、「はい、はい！」素早く手を挙げた六年生の男の子。

「0・1は、『1分の0・1』って表すことができる。分母も10倍、分子も10倍したら『10

分の1』になるやろ」

こんな風に男の子が説明した後、スタッフがその過程を細かく筆算にし、「0・1」が「10分の1」になるまでの理由も説明しました。

なんだかまどろっこしく感じてしまいそうですが、そんな風に細かく分析することで、機械的にただ覚えるのではない数の世界を少しずつ知ることができるのだと思います。

〈平和と憲法を考える――テーマ学習の時間〉

「平和と憲法」というテーマで学んだとき、第二次世界大戦でどういうことがあったのか、大日本帝国憲法と日本国憲法の違いなどを学習し、みんなが充実した学校生活をおくるために、どういう憲法が必要だと思うか、低学年と高学年に分かれて話し合いました。

低学年クラスでは、「平和とは何か」を子どもたちに投げかけました。低学年の子どもたちには少し難しいのかなと思っていましたが、自分の目線から、疑問に思っていること、平和についての考えなどが次から次へと出てきました。

話し合っていくうちに、「けんかをしない」という意見が出ました。すると、三年生の女の子が「けんかってさあ、けんかをしないってことが大切なんじゃなくて、けんかをした後で気が付くってことが大切なんじゃない？　けんかはいつでも起きるし、けんかにならないようにしようと思ってがまんしたり、おかしいと思うことをおかしいと言えないことは、もっとよくないと思う」と言いました。

それを聞いて、「そうや、そうや」とうなずく子どもたち。

「気が付くってさあ、何に気が付いたらいいの？」

「それは……自分の心。どこが悪かったのかとか。後は、相手の気持ち」

すごいことを言うなあと、とても感心しました。

そして、次のようなことを確認しました。

「対立がないことが、平和なのではない」

「対立は、いつでも、だれとでも起こりうること」

「そこからどうしていくのか？　それが大切」

「平和とは、対立を話し合いで解決することである」というダライ・ラマの言葉がありますが、その言葉に通じる重みのある言葉だなあと思いました。対立やけんかの後に生み出されるものの素晴らしさ、大切さを知っている子どもたちをとても頼もしく思いました。


高学年クラスの話し合いでは、大切と思うことをたくさん挙げてもらうことにしました。「『やめて』と言われたらやめる」、「暴力をふるわない」、「対立が起きた時、対立についてのワークショップで聞いた話を思い出す」、「学んだことを生かす」など。

一通り意見が出たら、それぞれの事柄を吟味していきます。同じような内容は一つにまとめ、ちょっと違うものは消していきました。

そんな話し合いの中で、「自然を大切にする」ということも挙げられました。子どもたちの多くは動物や植物のいのちをとっても大切に考えていて、虫が殺されないように保護したり、校庭の植物の世話を進んでやる子もいます。そんな中で、五年生の男の子が「確かに自然は大切だけど、道を整備したりビルを建てたりしているから、パパたちはお仕事できるし、便利になるのでしょ。むやみに自然を増やしたりしていいのかな?」という意見を言ったので、そこから活発な議論が始まりました。

「どんどん自然が破壊されて、動物がすめる場所がなくなってきてるやん。いのちを大切にせなあかんやろ」

「この学校も里山をつぶしてできたやろ。だから自分たちでできるだけ今ある自然を保護していかなあかんと思う」

「せめて学校の中だけでも緑を増やしていけばいいと思う。そうしたら虫とかもやってくるし」

「え〜、ぼく、虫はちょっといややなあ」

「虫をいやって言うたら虫がかわいそうやん」

自然を大切にして、守っていかねばならないという意見と、自然は大切だけど人間が暮らす便利さも大切という意見が対立しました。

すると、六年生の女の子が「自然のことは、これまでテーマで学んできたことやから、『学んだことを生かす』ってところに入れたらいいんちゃう?」と言ってくれたので、「確かにそうやんなあ。自然は大切にしたいって気持ちはみんな一致しているし、学んだことを生かすってとこにいれようか」ということになりました。

みんながみんな同じ意見だと問題の本質をしっかり認識しないまま流れて行ってしまったかもしれません。違った意見も大切にして話し合う、そのことの大切さを改めて感じることができた、いい話し合いでした。

こうして、これまでにたっぷりと時間をかけて話し合い、最終的に低学年は四カ条、高学年は七カ条のこどもの森憲法を作り上げました。

このことで、子どもたちは話し合いを大切にすることの意味をより深く分かってくれたのではないかと思いました。

〈自分の好きなことがやれる――プロジェクトの時間〉

「プロジェクト」の時間は、子どもたちが自分で決めた課題をやる時間です。この時間には、何回も同じことを繰り返しながらバージョンアップしていく子がいる一方で、友だちやスタッフに刺激されて、新しいことにチャレンジする子もいます。手芸、木工、お菓子作り、工作、調べ学習、楽器練習、運動など、いろいろなことをやっています。

六年生の女の子が、クロスステッチでとてもすてきなクッションをつくりました。小さい子は、大きい子がやっていることをとてもよく見ています。

「わたしもあんなクッションを作りたいな」と、三年生の女の子も、自分が刺繍したクロスステッチを使ってクッションを作ることにしました。ミシンを使うことにもチャレンジして、ゆっくりていねいに縫ってできあがりました。

「すごい！　けっこうかわいくできたなあ」と、クッションができたことにとても喜んでいました。

プロジェクトでは自分の好きなことができますが、ただ好きなことをやるだけではありません。計画、実行、後片付け、振り返り（学習のまとめ）まで、自分で責任をもってやり遂げます。振り返りの方法として、次にだれかがそのプロジェクトをやるときにヒントとなるように、自分のやったことをプロジェクトカードというカードに書いています。

五年生の男の子が、そのプロジェクトカードの中から「キーケース作り」のカードを見つけました。

「かぎが見つかりやすくなりそうだからやってみる」と、

一針一針ていねいに縫って作り上げました。できあがったときは、「やったー！」と大きな声を出して、完成を喜んでいました。

スタッフの声かけがきっかけで、かぎ針でコースター作りをすることに決めた女の子がいます。最初は、かぎ針の持ち方さえもわからなかったのですが、何回もやり直して編み方を覚えました。

「編みたくて、編みたくて、もうがまんできへんねん」

そう言って、二日ほどで初めての作品を完成させました。

「家でも、編みたいってなるから、かぎ針を買ってもらった！」

マイかぎ針とマイ毛糸をもって、とてもうれしそうでした。

「やりたい」という気持ちが大切にされ、その気持ちを後押しするサポートを受けられるなら、子どもは新しいことにチャレンジします。そして、それを達成できたとき、子どもたちの心は充実感や満足感でいっぱいになります。そして、それが自信となり、また次への意欲がわきます。

ここで大切なことは、「だれがやることを決めたか」ということです。親や教師など、周りの大人が決めて与えるのではなく、自分が課題を選び、自分の力でやろうと思うとき、子どもは大人の想像をはるかに超えた大きな力を発揮します。プロジェクトの時間は、そ

のことを子どもたちに保障している大切な時間です。

人とのかかわりの中で学ぶ

哲学する子どもたち

ふつうの授業では、先生が子どもたちの前に立って話をし、それを聞いていた子どもたちが先生の質問に答えたり、指示された文章を読んだりします。また、先生の言ったことや教科書に書いてあることを覚えて、それを忠実に再現することが求められます。このようにつねに受け身の状態で決められた通りの道を進んでいく学習方法では、子どもの主体性を伸ばすことはできません。

私たちの学校では、そのような一方通行の授業ではなく、子どもとスタッフ、子どもと子どもの対話を通した学びを大切にしています。対話をすることによって問題が共有され、互いに触発され、より考えが深まります。

「ことば共同」の時間に、あるテーマについて「哲学」をすることがあります。何のテーマで話し合いたいかと子どもたちに聞くと、「生きるって何?」、「死ぬって何?」、「世界からなぜ戦争はなくならないのか?」、「友だちって何?」などがテーマとして挙がりました。難しそうですね。でも、答えは出さなくてもいいのです。大切なのは、自分に「これはなぜか?」、「このことは本当にそうか?」と問いかけること、それを言葉に出すこと。そして、相手の言葉をしっかり聴くということも大切です。

今、社会で当たり前のようになっていることを「なぜなんだろう?」、「本当にそうなのか?」と問うことは、簡単ではありません。でも、これが社会を自分から考える第一歩です。問いの積み重ねは、どのような社会をつくりたいのか、自分に何ができるのか、自分はどのように生きるのかという問いにつながるのです。だれかのせいにするのでも、人任せにするのでもなく、自分に何ができるのだろう? と問うことで、自分も社会を担う一員としての自覚が生まれるのです。

ある日、「学ぶって何?」というテーマで哲学をしました。みんなが輪になって座ると、ろうそくに火を灯します。これが哲学をする時間が始まるよという合図です。スタッフはいくつかの質問をして、子どもたちの声を聴くことに集中します。

「みんなは学校に来ていろんなことを学んでいると思うけど、たとえばどんなことを学んでいますか?」

この問いかけに、「国語とか」、「話し合いをすること」、「生きること」、「人が何をした

ら喜ぶかとか、何をしたら悲しむかとかも学んでる」と子どもたち。

再びスタッフは問いかけます。

「なるほど。じゃあ、なぜ学ぶの？」

「将来就職するためとか、生活するため」

「やらなあかん勉強は生きるため、自分からやりたいことは楽しむため」

「話し合いは、人と関わるため」

「おとなになって苦労しないため、好きなことができるため」

哲学する子どもたち

哲学の時間の後半で、先の話し合いを踏まえて作文を書いてもらいます。こうして作文を書くことで、一人ひとりがどうしてもそのテーマに向き合うことになります。自分はどう思うのか。友だちの意見を聞いて、自分の考えは変わったか、変わらないか。
「どうして学ぶのかというと、それは人の役にたつ仕事について、人のためになることで、自分も人も幸せになるからです。」（六年生の男の子）
「学ぶということは、人の話を聴くこと。自分と違う意見を聞いて、そこから学ぶ。」（六年生の女の子）

「いつでもどこでも学べる。大人も子どもも学ぶ。一生学び続ける。」（四年生の女の子）

子どもたちは学ぶということの本質をよくとらえているものだなと感心しました。

〝しょうがい〟って何？

私たちが暮らしている社会は、障害がある方にとって暮らしやすい社会にはなっていません。これからの社会を担っていく子どもたちに障害とどう向き合うのか考えてほしい、障害があることが問題なのではなく、障害があることで参画しにくい社会の方が問題なのであって、周りの私たちもその一端を担っているというような感覚を少しでももってほしいと思い、「〝しょうがい〟って何？」というテーマで学習することにしました。

この学習では、本などで調べるだけでなく、当事者のお話を直接聞く機会をなるべく多くもつことにしました。まずはじめに、人権博物館「リバティ大阪」に見学に行き、学芸員のお話を聞きました。

「ぼくもね、障害をもっていてずっとつらい思いをしてきました。障害をもって生まれた自分が悪いんだ。なんでこんな体に生まれたんだろうと思っていました。でも、いろんな人と出会う中で、障害をもっていることが悪いんじゃない、障害があっても参加できる社会をつくっていくことが大事なんだと思うようになっていったんです」

駅に初めてエレベーターがついたときのことも交えながら、わかりやすくお話をしてくれました。その他にも、生まれつき耳の聞こえない方、目が見えない方や身体障害の方などを学校にお呼びしてお話を聞きました。

十七歳の時に事故で首を骨折し、車椅子の生活をおくっている方が、パワーポイントを使って、写真をたくさん見せながら、服の着脱、お風呂、トイレなど、ご自身の生活の様子を語ってくださいました。ボタンを留めるときや靴下をはくときは、指が動かないのでヘルパーさんにしてもらい、お風呂やトイレは、車椅子から移りやすいように高さを工夫したりしました。

この方は今は一人で車を運転し、アクティブに活動されているのですが、車椅子生活になってしまった頃はやはりつらくてたまらなかったそうです。けれども、家族や周りの方の支えで少しずつ立ち直っていったそうです。

「障害について深く考え始めたことで、少しずつ自分の障害を受け入れられるようになっていったんです。障害って、本当にかわいそうなんだろうか？　車椅子が障害なのではなく、それによって社会に出たときに妨げになるもの、階段だったり、障害者だから家を借りることができなかったり……。そういうことが障害なんだと気がついたんです」

「自立って、何でも自分でできることではないんですよね。できないことは助けてもらって自分のしたいことをすること。ぼくは今、幸せです」

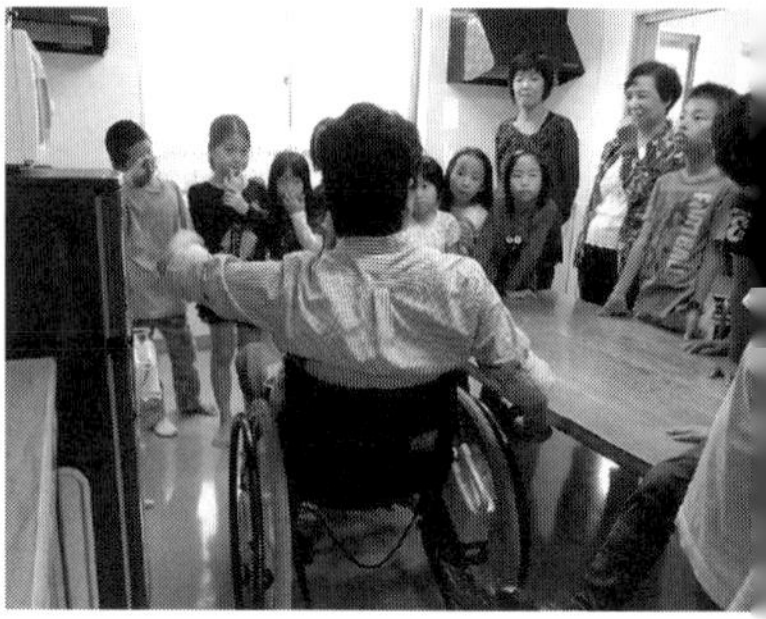

お話の後、「ポストに手が届きますか？」、「スポーツは何かするんですか？」、「飛行機に乗る時ってどうするんですか？」、「蚊に刺されたらどうやってかくんですか？」など、子どもたちからいろんな質問がでました。彼からの力強いメッセージは、子どもたちの心にも届いたことと思います。

人工呼吸器をつけて生活している方にもきてもらいました。その方は目とまぶたの一部以外は自分で動かすことができず、話すこともできません。移動も機具を積んだストレッチャーを使っています。ですから、お話はヘルパーさんを介してお聞きしました。

その方のご両親が役所などと粘り強く交渉してくれた結果、普通の保育園や小学校、中学校に行くことができ、通常の授業はもちろんのこと、遠足や修学旅行などの行事にも友だちと一緒に参加したそうです。先生などのサポートによりプールや海にも入ったことは、最高の思い出になっているそうです。お話の中で何回も「たくさんの友だちと出会えてよかった」とか、「これからもたくさんの人と出会ってこの障害のことを知ってほしい」とおっしゃっていて、出会いを大切にされている姿がすてきでした。

お話の後、子どもたちはストレッチャーのことやふだんの生活について質問しました。ヘルパーさんの問いかけに対して、目とまぶたの一部を使って、ＹｅｓかＮｏかで答えていきます。

たとえば、「何をしている時が楽しいですか？」という質問には、

「テレビをみているとき？」　まぶたを動かして、「いいえ」

「ご飯を食べているとき？」　まぶたを動かして、「いいえ」

「お風呂に入っているとき？」目を動かして、「はい」

という感じで答えてくれました。

子どもたちは、見慣れない機械などについても質問し、全部で百キロ近くもあるストレッチャーを押す体験などもさせてもらいました。

この学習では、いろんな方と出会い、それぞれの方の思いに触れることで、子どもたちもいろんなことを感じたり、考えたりすることができました。

「障害があってもかわいそうっていうのは違うと思う」

「障害があってもなくても、生きてるってことは同じ」

「困っている人がいたら、助けようと思う」

このように一人ひとりが何かを感じとり、人生を生きていく上で、いざというときに支

えになるものが残っていってくれることを願っています。

話し合って問題を解決する

この学校では、週に一回「全校集会」が開かれます。そこでは、「学校でのルール」や「もめ事の解決案」について話し合ったり、「みんなに言いたいことや聞きたいこと」、「友だちのいいところ」などを伝えたりします。何かを決めるときは、子どももスタッフも対等な関係で話し合い、みんなが納得する、全体としてよいと思われる案が出るまで話し合います。多数決をとらないので、話し合いにとても時間がかかります。しかし、一度決まったことについて、子どもたちはとてもよく理解しているので、その後の活動はとてもスムーズです。

入学したての一年生は、高学年の子から「今だれだれが言ってること分かる?」、「どっちにしたいか考えながら聞いといてな」と声をかけてもらったりして、だんだん慣れていきます。困ったことがあればすぐに全校集会の議題に出す子、周りの状況を考えずに自分の意見を通そうとする子、争い事やもめ事がきらいで、自分は我慢して人の希望を優先する子など、人それぞれです。

この学校に長く居る子は、言葉でうまく表現できない子の思いを「もしかしたら、こういうこと言いたいのと違う?」と代弁してくれたり、解決の方向が見えなくなってきたとき、「みんな何か違う方向に進んで行ってるみたい。最初に戻って考えてみたらどう？」と軌道修正してくれたりします。また、相手のことを批判しはじめた子たちに「人の悪いとこばっかり考えんと、自分の悪かったとこを考えたらどうかな」と自分を振り返るきっかけを作ってくれたり、「いっしょの意見の人が少ないときは意見を言うのに勇気がいるし気持もしんどい、そういうことを多い意見の人たちは分かってあげてほしい」と安心して発言できるように言ってくれたりします。

ふだんあまり発言しない子でも、話し合いに参加するうちに自分にとって大切なことには意見を言えるようになります。「このことはとくにはこだわらないから任せるわ」とか、「まだよく分からないからみんなが決めたことでいいよ」など、人との関わりの中で、譲ったり、譲られたり、任せたり、許せたりと自分を抑えることもできるようになってきます。

自分たちで決めた「きまり」はみんな守るように努力しています。決めたことを実行しているうちに無理が出てくれば、変更することを提案する場合もあります。中には「あかんて分かってるけど守られへんねん」と言う子もいます。「こうしてみたらどう？」、「これをやめたらできるんと違う？」など、そんな子には周りから応援の意見が出たりします。何を問題にし、何を大切にしていくべきかを考えながら「個性の違うみんながいっしょに育ち合う共同体」の土台となっているのが全校集会です。そして、そんな話し合いの文化

は、学校での生活のいろんな場面で生かされています。

たとえば、お昼休みの時間。楽しく遊んでいたはずの子どもたちでしたが、ちょっとしたことが発端となり、もめはじめました。

おにごっこをやっていた子どもたちの一人が、「なあ、一人ねらい（オニが一人の人だけをずっとねらい続けること）なしってルール、なしにせえへん？」と言い出しました。オニになって追いかけていたところ、「一人ねらいなしやろ」と言われたのが嫌だったそうです。

「え〜っ。一人ねらいありにしたらおもしろくないやん」と、もう一人の子。

他の子たちも集まってきて、その場で話し合いが始まりました。しかし、子どもたちの意見はいつまでたっても平行線。ここで話し合いが決裂して「じゃあ一緒に遊ばない」となるのがよくあるパターンです。でも、子どもたちはねばり強く話し合いを続けます。

「そもそもどうして一人ねらいなしっていうルールになったの？」と一緒に遊んでいたスタッフが聞きました。

「一人ねらいしたら、ねらわれていない残りの子たちがぼーっと立ってるだけになって、つまらないから」

「おにごっこってねらわれた方が楽しいやん。みんなが公平にねらわれるのがいいと思う。

その方がみんなが楽しいから」

どちらの意見の子も、「みんなで楽しくおにごっこをしたい」、「そのためにみんなが公平にねらわれるのがよい」という点で一致していることを確認できました。話を聞いていた他の子も「じゃあ、ねらってる時間を決めたらどう？」という意見を出し、残り時間五分というところでおにごっこを再開することができました。

こんなふうに、きちんと話し合ってお互いの気持ちを整理すれば問題が解決するということを、子どもたちは遊びの中でも学んでいます。

コラム1――フレネ教育について

フレネ教育の創始者セレスタン・フレネ（一八九六〜一九六六）のことは、日本ではシュタイナーやモンテッソーリほどは知られていません。というのもフレネは一介の公立小学校の教師だったからです。フレネは師範学校在学中に召集を受け、第一次世界大戦中にドイツ軍の毒ガスで胸を冒されてしまいました。そのため授業中に大きな声を出すことができないという教師としての致命的なハンディキャップを負わされたのですが、そのことが独自の新しい教育思想と方法を編み出す契機となったのです。

南フランスのバール・シュル・ルーという小さな町の教員として採用されたフレネは、着任早々困難に直面します。六歳から八歳までの男の子ばかりの教室では、生徒たちは五分間も話を聞けば落ち着かなくなり、おしゃべりを始め、隣の子をからかい、動きまわる……。彼は大声を出して疲れ、授業を途中で投げ出し、自室に戻って休息し、ハァハァ息を吐く。そのような生活の中で、生徒たちを学校の外に連れ

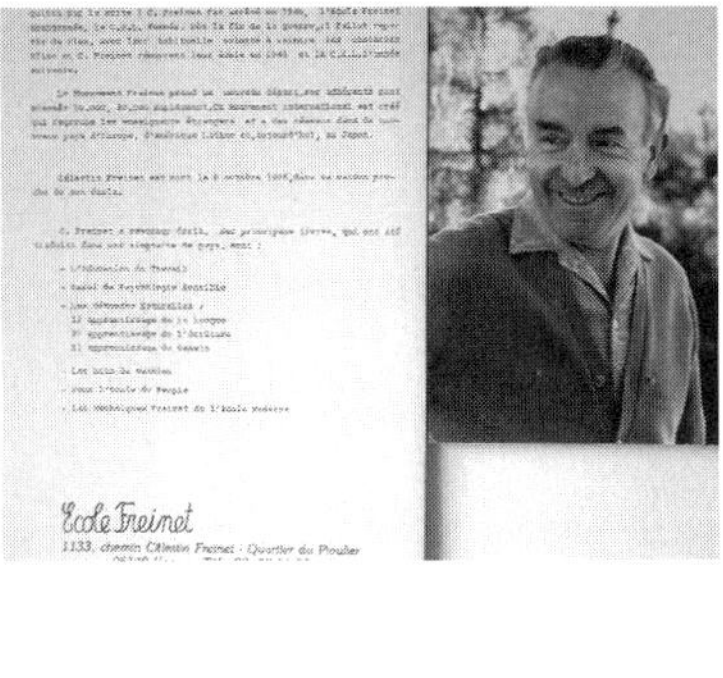

出して、散歩しながら、人々の生活の様子や自然を観察させました。教室に戻って子どもたちにいま見てきたものについて自由に表現させ、それをまとめて黒板に書きました。すると教科書の文章には何の興味も持てず、読み書きのできないはずの子どもたちがスラスラ読めるし、ノートに書き写すことができました。これがフレネの「自由作文」の始まりです。

ある日、フレネは教室に印刷機械を持ち込みました。黒板に書かれた子どもたちの生活や思考を紙の上に固定化し、永続的なものにしたのです。子どもたちは活字を拾い、版組して印刷するという作業に夢中になりました。自分の考えをみんなに読んでもらえるという自己表現の手段を手にしたからです。このことはクラスの中だけに留まらず、「学校間通信」として、遠く離れた学校の生徒たちとの交流の手段ともなりました。

やがて彼は、教科書の代わりに、子どもたちの生活の中から生まれた学習文庫、協同学習カード、計算や読み書きのためのカードなどを、仲間の教師たちと開発しました。このようなフレネの試みは、その後も「現代学校運動」として発展を続けており、フランスの公立学校では約一割の教員が実践し、スペイン、オランダ、ブラジルなど世界各国に広がっています。

フレネ学校の学習風景

第2章 子どもの夢を育てる

子どもは幸福でいるときにだけ、
道徳的に進歩する——ホーマー・レーン

箕面こどもの森学園では、一般の学習の時間と同じくらい、遊ぶことや行事をすること、話し合いの時間をもつことを大切にしています。それは、子どもたちにこの学校の生活を支える一員としての自覚と責任を持ってふるまってもらいたいからです。大人や同年代の仲間たちと集団活動をする中で、人間としてやるべきことや、やってはいけないことを学んでいきます。この学校では、子どもの自由を最大限尊重していますが、それは他の人の自由を侵さないという条件がついています。なぜなら、それが民主主義の基本だからです。

やがて、自由を満喫している子どもの心の中に、自分とは何か？　何のために生まれてきたのだろうか？　といった疑問が芽生えてきます。そして、将来、こんな人になりたいとか、こんな仕事をやってみたいという、自分の夢を持つようになります。

教育者のしごとの中で最も大切なことの一つは、子どもたち一人ひとりが自分の夢（理想）を見つけ、それが実現できるように支援すること。そして、すべての人が自分の夢を実現できるような平和な社会をつくることが人類の夢だということを伝えていくことだと思います。

子どもの世界を広げる

夏祭りをしよう!

子どもは自分が本当にやりたいことを見つけたとき、とても大きな力を発揮します。この学校では、学校行事はほとんど子どもたちが企画し、準備し、実行しています。大人は必要最小限のサポートをするだけで、ほとんど口出しや手出しはしません。

梅雨があけ、セミの声も聞こえ始めたある日。一人の女の子がハッピータイム(子どもたちがみんなに言いたいことを自由に言う時間)で自分が見た夢の話をしました。

「昨日、うちが見た夢の話をします。学校でお祭りみたいなことしてたん。押し花コーナーとか、輪なげコーナーとか、かき氷売り場とかあってさ、みんなでお店の人になって、お客さん呼んでやってて面白かったやんかあ」

「へえー、面白そうだね。ねえ、ぼくは何の役してた?」

「うちは? 何の係やった?」

子どもたちはその子の話に夢中になり、「それなら、自分たちでお祭りをやってみよ

う！」ということになりました。

全校集会やその他の時間にも話し合いをして、くじ引き、水中コイン落とし、ビー玉つかみ、チューペット、ジュースの店を出すことになりました。それから各自の役割分担を決めて、準備が始まりました。

まず、買出しチームと両替・印刷チームにわかれました。買出しチームは、スーパーにチューペット、ジュースを買いに行きました。思ったよりも量が多かったので、途中で袋が破れてしまい、見るに見かねた工事現場の警備のおじさんから、ビニール袋をいただきました。

両替・印刷チームは、まず、銀行に行き、フリーマーケットの売上げを全部おつり銭に両替しました。それから、チラシを三百枚印刷し、近所の家にポスティングをしながら帰りました。その後、看板作り、景品作りなどをしました。

夏祭りの日が近づいてきました。子どもたちは手分けして、チケットの最終確認をしたり、ポスターを貼ったり、ご近所への手紙（夏祭りのお知らせと騒がしくすることへのお詫び）を作ったりしました。

夏祭り当日、午後二時に集合し準備を始めました。机を外に運び出し、庭に各コーナーの場所を設置しました。保護者とスタッフが担当するコーナー（当て物とフリーマーケット）も設置されました。女の子たちは浴衣姿に着替え、いよいよ後はお客さんを待つばかりとなりました。

「いらっしゃいませ〜　あっつう、だれも来うへんなあ……」

子どもたちの呼びかけもむなしく、最初はあまりお客さんが来ませんでした。

「お客さん来るまで、先に買い物しとこ」

子どもたちは、お客さんが来るまで自分たちが交代で買い物をして楽しんでいました。日が沈むにつれ、声をかけた友だちや近所の方、通りがかった人などが来てくださるようになり、だんだんお客さんの数が増えにぎやかになってきました。お客さんが来始めると

子どもたちも張り切りだし、

「夏祭り、やってまーす」

「見るだけでもいいので寄っていって下さーい」

通りかかる人を一生懸命呼びこんでいました。自分の買い物、店番、呼びこみをしている間に、気がつくと終了の時間になっていました。

たくさんの人に協力していただいて、子どもたちは目標額を大幅に上回る売上げを得ることができたのですが、

売上げだけでなく、近所の方や友だちも来てくれたりして、何よりも自分たちがとても楽しかったので、「やってよかった」とどの子も大満足でした。

初めての体育祭

もうすぐ夏休みという頃、二学期にやってみたいことを子どもたちに聞きました。すると、「運動会！」という声が何人かから挙がりました。そのため二学期に入り、運動会について話し合うことになりました。


「実行委員を作ったらいいと思う」

「大人（保護者）が出てもいいのはどれにする？」

「プログラムとそれぞれの参加人数はどうする？」

「パン食い競争はどうやってする？　何パンを買ったらいいやろ？」

「そうや、雨降ったらどうするん？」などなど。


最初は運動会をやるのかやらないのかという議題から始まり、運動会と呼ばずに体育祭と呼ぶこと、体育祭の競技種目、組分けなど、実行するために必要だと思う議題を出し合い、一つひとつ決めていきました。話し合いに使った時間を合わせるとなんと十時間にも及びました。

台風一過の青空のもと、①宝さがし②ハンカチ落とし③借り物競争④パン食い競争⑤大縄とび⑥リレーという、ちょっと変わったプログラムの体育祭が、子どもの司会進行でスタートしました。

校長の挨拶の後、「よーい、どん」の合図で宝さがしが始まりました。グランドのどこかに隠してある封筒を探して宝をもらうというルールです。みんなであちこち探しましたが、最後の一枚がどうしても見つからず降参することに……。すると担当の子は、グランドの隅に重ねてあったコーンとコーンの間から封筒を出してきました！

ハンカチ落としは、（体育祭でするか？）と思いましたが、とても上手に落とすお母さんがいてものすごく盛り上がりました。

次の借り物競争では、物だけでなく人の名前が書かれた札もありました。その札に担当の子が学校に久しぶりに来た子の名前も書きました。（どうするのかな……）と見守っていると、借り物になったときはその子も一緒に楽しそうに走っていました。

休憩の後は、お待ちかねのパン食い競争です。トンネルをくぐってパンを口でくわえ楽しそうに走っていました。大人たちもパン食い競争に参加することになったのですが……。パンをぶらさげるひもを持っていた子が大人のときだけブラブラ激しく揺らしたのでなかなかパンを口にくわえることができませんでした。大縄とびの後は、リレーで締め括り、第一回の体育祭が終わりました。

「楽しかった！　来年もまたやりたいなあ」

「結構、盛り上がりましたねえ。おもしろかったです」

暖かい声援と笑い声の絶えることのない、子どもも大人も大満足の和気あいあいとした楽しい体育祭でした。こんなステキな体育祭を企画実行していった子どもたちをとても頼もしく感じた一日でした。

くまベル喫茶店

校庭の隅にある小屋や屋台にままごとの道具を持ち込んで、子どもたちが「喫茶店ごっこ」を始めました。喫茶店を始めた子どもたちが、お店の名前を自分の大好きなぬいぐるみの「くまたん」と「ベルちゃん」にちなんで「くまベル喫茶店」と名づけました。小学生でおままごと!?　と思いますが、彼らの発想力と行動力は止まることを知らず、次々と発展していっています。炊飯器や鍋、フライパンも完備し、バーまで併設されています。レジ用のおもちゃのコインや伝票まであり、「おままごと」と呼ぶにはあまりに本格的です。学校見学に来られた方が、「ここまで、子どもたちが自発的な想像力と行動力を自由に発揮するのをスタッフが見守っているのがとても素晴らしい。日ごろの教育の中でも、子どもたちの気持ちや考えを大切にしていることがよくわかる」と感心されたほどです。

さて、その喫茶店はしばらく休業していたのですが、ふたたび新装オープンしました。お店の従業員は六年生の女の子を筆頭に三人。かれらは真冬の寒空の下、パーティにむけて朝早くから学校に来て、寒さで凍えながらお店の準備を進めていたようです。そして、やわらかな日差しの降り注ぐ一月のある日の昼休み。この喫茶店のパーティが開かれ、学校の子どもたちやスタッフが招待されました。数日前から、「次の金曜日の昼休みにくまベルのパーティをやります。みんな、ぜひ来てください」とインフォメーションされていました。

校庭で開いたお祝いパーティ

一本一万円もする超高級ワインや、手作りコロッケ、チャーハン、チョコレートムースなどがきれいなテーブルクロスがかけられたテーブルに並びました。実は、ワインは空き瓶にお水を入れたもの、ごちそうは泥で作ったおだんごですが、食器やカトラリーもきれいに並べられていて、おもてなしをしようという喫茶店の子どもたちの気持ちがひしひしと伝わってきます。

そろそろお客さんも集まってきました。いつもはそれぞれが好きなことをして過ごす昼休みですが、くまベル喫茶店ごっこにこれまで参加したことのない子どもたちも、今日のパーティは特別なようです。さあ、いよいよパーティの始まりです。実は、このパーティは、中学受験に合格した二人の六年生のお祝いと新しく入学した子の歓迎のためのパーティだったのです。

「みなさん、いらっしゃいませ。くまベル喫茶店にようこそ！　今日は合格祝いと新入生歓迎のパーティです。まずはお飲み物をこちらの飲み物コーナーで受け取ってください」

喫茶店の子どもたちが、お客さんたち一人ひとりに好きな飲み物を尋ね、注いであげました。さあ乾杯です。「合格おめでとう！」「カンパーイ！」

小屋の上からは菜の花の花吹雪が舞いました。（二年生の男の子の粋なはからいで）

パーティをお祝いしてか、お日様もポカポカとみんなを暖めてくれ、みんなで飲み物やごちそうを食べて（食べるまねをして）、楽しい時間を過ごしました。自由に過ごしていい時間というのに、こうして全員が揃ってひとつ所に集まっているということに、子どもたちの心のつながりを見たような気がしました。そして、子どもたちの友だちを思うあたたかな気持ちに触れ、私たちの心もほっこりあったかくなった出来事でした。

劇団アニマルズ

ある年の四月、六年生の女の子が「劇団を作ろう！」と呼びかけ、劇団アニマルズが発足しました。メンバー全員がペットを飼っているということで、「アニマルズ」と名づけられたようです。

どんなお芝居をするか話し合いが開かれ、『おつかい』という小さな絵本のお話ですることに決まりました。絵本から台本を起こし、セリフの練習が始まり、必要な大道具や小道具作りも並行して行われました。一人のスタッフが子どもたちに頼まれて相談役になりましたが、実際にスタッフが関わったのは、公演までのスケジュールの相談と本番前のリハーサルを見て気づいたことを伝えるということだけでした。だれもお芝居の経験のない子どもたちでしたが、呼びかけ人の女の子がリーダーとなり、放課後みんなで話し合いながらお芝居を作り上げていきました。その様子はさながら全校集会のようでした。リーダーが司会となり、役者をしたい人、裏方がいい人などを確認し、みんなが納得できる役割分担になるように話し合われました。そして、道具作りでは、針仕事や工作などふだんプロジェクトでやっていることが大いに役立っていました。メンバーの中には楽しくてつ

劇団アニマルズの初公演

いついふざけてしまう子もいましたが、高学年の子どもたちがその子もみんなと一緒に協力してできるように気遣っていました。

初公演は七月の夏祭りの夜でした。

「うわ〜、緊張する〜」

「いよいよ本番やな。みんな、集まって」とリーダーの女の子。全員で円陣を組み、中心に手を出し合って、「エイ　エイ　オー」と気合を入れました。

ホールに集まったたくさんのお客さんの前で、子どもたちは三カ月間のがんばりの成果を見せてくれました。両端についたてを置いて裏方を見えないようにし、絵本を写真にとったものをプロジェクターで映して背景にしました。もともと三人しか出てこないお話でしたが、新しい役を作ってみんなが出演できるように考えたり、子どもたちはお芝居のあちこちに、いろんな工夫を凝らしていました。中には、人前に出ると緊張して固まってしまったり、声が小さくなってしまう子もいたのですが、大勢の人の前で堂々とお芝居している姿を見てとても感動しました。五分ほどの短いお芝居でしたが、この五分の中に子どもたちの苦労や喜びがぎっしりつまっていました。

こうして、初公演は大成功を収めました。気をよくした子どもたちは、「二学期もまた

新作のお芝居をする」と言って、また話し合いが始まりました。前回の参加者に二学期も続けてアニマルズに入るかどうかの意思確認から始まり、どんなお話にするか、役者をしたい人、裏方がいい人……と決めていきました。公演日は十二月のお楽しみ会となったので『ぼくはあったよ　サンタクロース』という絵本をもとに台本を作ることになりました。

一回目の時はなるべく絵本に忠実に再現しようと、道具の準備にかなりの時間を費やしていたのですが、二回目では、そのものが実際はなくてもまるであるかのように見せるのが上手なお芝居なのだと知って、道具の準備や見せ方に工夫をするようになりました。車に乗るシーンがたくさん出てくるのですが、車はイスを四つ組み合わせて下にダンボールを敷き、スムーズに出し入れできるようにしていました。また、公演時間も大幅に長くなり、三〇分のお芝居になりました。

登場人物もたくさんいてセリフも多かったのですが、本当によく覚えていてアドリブまで利かせていました。空間の使い方も見事で、ラストシーンでは吹きぬけのホールの二階から雪（紙吹雪）が降り、色画用紙に書いた「お」「わ」「り」の文字が現れ、サンタクロース（の人形）がそりに乗って飛んでいきました。

公演が終わったとき、会場からは惜しみない拍手が鳴り響きました。しかし、この日に至るまで決して順調ではなく、なかなかセリフが覚えられなかったり、道具の出し入れに手間取ったり、なかなか全員の時間を合わせて練習できなかったり、人間関係でもめたり……。ほんとにいろいろあったようです。でも本番ではばっちり、みんなの持っている力を出し切った舞台となりました。

第三回公演は、「大切なのは話し合いができる友だちがいるってこと」、「離れていてもずっと友だち」というメッセージが込められた、今の自分たちの状況を表現した作品でした。原作・脚本・演出のすべてがスタッフの手助けなしの完全に子どもたちの手によるオリジナル作品。しかも、演技も演出も照明もさらにレベルアップしていました。リーダーとして一年間みんなを引っぱってきた六年生たちの成長を確かめることができた卒業公演でした。

子どもたちがだれに言われるでもなく自発的に始め、一人ひとりを尊重した話し合いを重ね、みんなで協力してひとつの大きな目標に向かって進み、その成長をたくさんの人たちに見せてくれた劇団アニマルズ。これは、こどもの森学園が目指す教育のひとつの大きな成果であると誇らしく思いました。

こんな学校あったらいいな

小さな学校もわるくない

この学校のことでよく聞かれる質問に、「少人数の学校だから子どもたちの人間関係が狭く、社会性が育たないのでは？」とか、「ずっといっしょの人間関係が続くと、刺激が少なくて学ぶ機会に乏しい子どもになるのでは？」などがあります。

「子どもの人間関係が狭くなる」といいますが、公立学校でも、昼休みや放課後にいっしょに遊ぶ子の数はそれほど多くはないし、本当に仲のいい友だちとなると限られてきます。多人数のメリットは、仲よしの子を選べる選択範囲が広いということでしょう。

この学校では同い年の子の人数は少ないですが、年齢の違った子ともいっしょに遊ぶので、けっして遊ぶ人数が少ないわけではありません。むしろ、昔の地域での「群れ遊び」のような異年齢集団での遊びがあります。異年齢集団で遊ぶと、小さい子はハンディを付けてもらって遊んだり、大きい子のまねをしているうちに、コツをつかんで難しいことができるようになったりします。また、大きい子は遊びの中でリーダーシップを発揮するなど、学びと成長のチャンスが多くあります。

「おにごっこやろう～」休み時間になると大きな声を出して、やる人を集めるのは二年生の女の子。「いいよ。やろやろ」

同じ二年生だけでなく、三年生や一年生の子、スタッフも混じっておにごっこが始まり

ます。ときには、「入れて〜」と四年生や六年生の子も来ることもあります。その中で、高学年は高学年を追いかけるとか、低学年の子のオニの時間が長いと高学年の子がわざとつかまってあげることがよくあります。

高学年男子を中心に、ドッジボールも流行っています。その中で、「○○くんのボールが速いから、○○くんみたいな投げ方練習しよっと」と四年生の子が六年生の投げ方をまねたり、目線をずらして投げる、持っているボールで向かってきたボールをはじくなどの作戦をまねることもよくあります。

クラスの人数が多いと、たとえ自分と合わない子がいたとしても、関わらないことで直接の接触を避けることができます。ところが少人数のクラスでは、その子と接触しないわけにはいきません。このことは子どもにストレスをかけるし、トラブルが起こりやすくなります。しかし、それが悪いかというと必ずしもそうではありません。自分と合わない人とどうやって付き合っていくのか、相手に自分の気持ちをどう伝えればいいのか真剣に考えることになります。子どもたちだけでは解決できない場合は、スタッフが話し合いに入り、お互いの気持ちを聞きながら、問題を解決できるように支援しています。その一つひとつの積み重ねによって、相手の意見と自分の意見の折り合うところを話し合いによって見出す「対話」のできる人になっていきます。それこそが社会性が育つということであり、多人数でただいるだけでは身につかない力です。

「親指と小指の関係になるのがいいと思う」。ある男の子が他の子とトラブルになったとき、その関係を自分なりに考えたときに言った言葉です。彼は始めは怒って、ケンカした相手を「無視する！」と言っていました。でも、話し合いを続けていく中で、学校をつくる仲間である以上、無視するというやり方はよくないと思い、ほどよい距離があるのがいいということで、親指と小指の関係になることを決めました。

学校は子どもたちが人間関係のもち方を学ぶ大切な場です。友だちの選択可能性の大きさよりも、コミュニケーションの質のよさを重視すべきだと思います。コミュニケーションの基本は、自分の考えを相手に伝えるだけでなく、相手の話もちゃんと聴けることです。相手の立場に立ってものごとを見られれば、相互理解ができるようになります。このようなことは経験を積まないとできるようになりませんが、そのための時間が学校の生活の中でどれだけ確保されているでしょうか。生徒の数の多少ではなくて、そのような時間の多少を学校選びの基準にすべきだと思います。

大人は子どもとどうかかわるか

この学校のスタッフが子どもたちと接するときに心がけていることがいくつかあります。一つは、どういうスタンス（立ち位置）で子どもたちとかかわるかということです。ふつう教師は生徒に対して指導者としてのスタンスをとります。つねに生徒たちに進むべき方向を示し、やり方を教え、自らが行動の手本となるようなスタンスです。これを教師が生徒たちの「前に立つ」スタンスと呼ぶことにします。このほかに「側に立つ」、「後ろに立つ」というスタンスもあります。「側に立つ」スタンスというのは、生徒と教師が対等な関係で、学習課題について話し合ったり、課題に取り組むことを指します。この場合の教師は、すべてのことを知っている人ではなく、生徒の学ぶ意欲をかき立て、生徒と共に学んでいく人なのです。「後ろに立つ」スタンスというのは、生徒の自主性を尊重する立場で、教師はなるべく口を出さず、必要に応じて助言や手助けをすることになります。私たちは、教師はひとつのスタンスに固執するのではなく、状況に応じてスタンスが変えられることが大事だと思っています。

幼児や小学校低学年の子どもの場合は、教師は「前」に立ってリードすることが多いでしょうが、場面に応じて「側」に立ったり、「後」に立ったりする方がいいと思います。高学年では、教師は「前」に立つのはなるべく控えて、「側」や「後」に立った方が、子どもの自主性はよく育ちます。この学校の経験では、そのことが効果的であることを示しています。

心理療法家のカール・ロジャーズ[*3]は、学習促進者（教師）のもつべき望ましい態度として、真正性、尊重と受容、共感的理解の三つをあげています。「真正性」というのは、教師としての自分ではなく、あるがままの人間として生徒とかかわることです。「尊重と受容」というのは、生徒を一人の人間として尊重し、その子の不安やちゅうちょ、あるいは満足の感情を十分に受容できることです。「共感的理解」というのは、相手の立場に立って生徒の行動や態度を理解することですが、同情とは違います。生徒の行動を同情的に見るのではなく、その子の感情も含めて全体的に理解するということです。これらの態度は、「側に立つ」、「後に立つ」スタンスに近いでしょう。教師がこのような態度を身につけるのはかなり修練がいることです。最初のうちは意識してやらないと、いつの間にかいつもの自分のやり方で生徒に接してしまいます。

「スタンス」のほかに、子どもとの「コミニュケーションのとり方」にも気をつけています。「親業（ペアレンティング）」で知られる心理療法家トマス・ゴードンは、親や教師は

*3——アメリカの臨床心理学者。クライアント中心療法やエンカウンター・グループによる自己啓発法などを創始した。二十世紀で最も影響の大きかった心理療法家の一人である。

子どもに対する効果的なコミュニケーションのとり方を身につけなければならないと言い、中でも次の三つの技法を身につけることが効果的であると言っています。

一つ目は、子どもの言う言葉を「能動的に聴く」ことです。これは聴き手の意思や考えをもって聴くのではなく、話し手の気持ちや状況を理解し、話し手が心を開いて本当の気持ちを話せるように聴くことです。これはロジャーズのいう共感的理解を促す技法です。

たとえば、授業中に「おなかすいた」と子どもが言ったとします。それに対して、「がまんして」と返したのでは、子どもの言いたいことを受け止めていません。この場面では、「おなかすいたんやね」と返すように心がけています。白いボールが来たら白いボールを返す、心のキャッチボールなのです。

スタッフから白いボールを返してもらうと、子どもは自分の心をよく眺められるようになります。そこから自分で考え、問題を解決していく方向へ進んでいけるようになります。私たちは鏡になって、子どもの心を映しているような聴き方を心がけています。

二つ目は、スタッフが困ったことがあって、子どもたちに何かを言いたいときは、「わたしメッセージで話す」ことです。わたしメッセージとは、子どもの問題行動を非難がましくなく、その行動によって受ける影響と引き起こされる感情を具体的、かつ正直に伝えることです。この言い方を心がけると、大人が何を考えているのか子どもによく伝わります。

たとえば、そうじをていねいにしない子がいて、教室が汚いままなのがイライラするとします。多くの場合、「いい加減にして！　そうじはまじめにやってほしい！」というふうに言うと思います。けれども、わたしメッセージなら、「そうじを適当にされると、学校がきたなくなって落ち着かないわ」となります。

三つ目は、「私が私である」ことです。「私が私である」とは、あるがままの自分として、見せかけや仮面をはずして、子どもと向き合うことです。これはロジャーズのいう「真正性」と同じことです。大人は何でも知っている完璧な人間ではありません。わからないことも多いし、悩むことも多い、ごくふつうの人間です。

この学校では、子どもたちの興味関心を中心に学ぶため、スタッフがやったことのないこと、知らないことに子どもたちが取り組むことがよくあります。そんなとき、私たちは正直に、「やったことないし、よくわからへん」と伝えます。でも、その後に、「よくわからへんけど、おもしろそうやし、一緒に調べながらやってみようね」と伝えます。子どもがやりたいと言い出したことですが、サポートするスタッフもやっているうちにいろんな発見があり、

いろんな知識や技術が身につきます。子どもたちといっしょに学ぶことを通して、スタッフ自身がどんどん成長していることを実感しています。

親が変われば子どもも変わる

私たちの学校の子どもの保護者の中には、自宅分娩、共同保育や野外保育、無農薬・無添加の食物、環境に配慮した生活などを実践されている方がおられます。いい意味で自分の生き方にこだわっておられるので、当然のことながらお子さんが通う学校にもこだわりがあります。そのような方の場合、「かけがえのない子ども時代をのびのびと過ごさせたい」、「いい成績をとることよりも、いろんな体験をさせたい」、「教え込む教育ではなく、子どもの自発性、主体性を大切にする教育をさせたい」などの思いを共通してもっておられます。世間一般の人たちとは違った価値観をもっているので、周りからはちょっと変わった親と見られていることでしょう。

これとは別のタイプの保護者の方もおられます。一般の学校での生活にお子さんが何かしらのストレスを感じていることを察知し、お子さんを無理に学校に合わせるのではなく、お子さんに合う学校を探した結果、この学校に子どもを通わせるようになった方たちです。

そんな場合は、今までの学校生活の中で、お子さんが自信を失い、自己肯定感が低くなっていることがあります。ですが、この学校での生活の中で、みんなからそのままの自分を認められるとだんだんに自信を取り戻して、元のように元気になっていきます。「この学校の子はみんな変わってる。でも、ここでは変わっていていいんだ」。公立学校でなかなか自分を出すことのできなかった子の言葉です。その子は、この学校で、ありのままの自分を認められると、幼虫がさなぎになり蝶として羽ばたいていくほどに成長していきました。

人前での発表はもちろん、人とあいさつすることさえできず、勉強にも集中力が続かない子が入学してきました。その子自身のペースや価値観、大好きな手芸や猫の話が周りの子たちに受け入れられるという経験を通して、私立中学受験という目標をもち、塾に頼らず自分で勉強し見事合格しました。今は新たな環境の中で、悩みながらも「自分で選んだから」と休まずに通学しています。

友だちとのトラブルがきっかけでこの学校にも来られなくなった子がいました。その子の親御さんは、その子のためにやれることは全部やりましたが、それでもその子は動こうとはしませんでした。万策尽きて、(もう学校に行かなくてもいい、今はこの子のやりたいようにするしかない、この子はこの子でいいんだ)と頭ではなく心の底から思ったとき、不思議なことに、その子が「そろそろ学校に行ってみる」と再び学校に来るようになりました。

子どもは親の期待に敏感で、無意識のうちに親のそれに自分を合わせようとしていることがあります。その場合、親の期待が知らず知らずのうちに子どもの心の自由を奪うことになっています。それから解放されたとき、子どもの心の中から外に向かうエネルギーが湧いてくるのでしょう。

親が子どもを変えようとしているうちは子どもは変わりませんが、親がこうあらねばならないという自分の価値観を見直して、ありのままの子どもを受け入れたとき、子どもは本当に変わります。そのことを通して、親御さん自身も変わっていかれます。

「させるんじゃなくって、子どもがやるっていうことについて行くしかないですよね」

「みんながやっているからそれをやるんじゃなくて、自分の子どもに合うやりかたを選んでいけばいいんですよね」

「難しいことはよくわからないけど、この学校に来るようになって子どもの寝顔が変わったんです」

「点数じゃなくて、わが子の成長に目を向けられるようになりました。競争じゃないから親も楽になりました」

お子さんがどんどん変わっていくことで、ご自身も変わっていかれる保護者の方たち。こんな変わった親もステキです。

卒業した子どもたち

それぞれの道を歩む

この学校の卒業生は、公立中学に行く子、私立中学に行く子、こどもの森学園のようなオルタナティブ・スクールの中学に行く子、インターナショナル・スクールに行く子などさまざまです。六年生になると、保護者やスタッフと相談しながら、自分に合った進路を自分で決めていきます。私立中学を選んだ子たちは、受験勉強も自分で計画を立ててやっていました。そして、自分で選んだそれぞれの学校に入りました。

公立中学に入学した女の子が、久しぶりに学校にやってきて、近況報告をしてくれたことがありました。学習のやり方が今までの自分で計画を立てられる学習から、決められたカリキュラムでの一斉授業に変わった人が多いので、学習がやりにくいだろうと思って聞いてみると、こんな答えが返ってきました。

「学習のやり方は嫌やけど、中学校はそんなやり方やと思ってたし、慣れるからいいねん。それよりも、もっと困ることがあるねん。この学校やったら、その人が選んだこととか決めたことは、その人の考えなんやから、みんなそれでいいって思ってくれたやん。みんなバラバラでもよかった。それが、みんなと一緒じゃないと変な人とか、付き合い悪いって思われるやんか。たとえば、トイレに行きたくなくても一緒に行かなあかんし、お弁当を外で食べたくなくって断ったら、変人扱いされんねん。自分がやりたくないときでも、みんなに合わせなあかん。それが一番困ってる」

他の卒業生も「そう、そう」と口をそろえて言いました。みんなと違うことをすると変わり者扱いされることが多いのだそうです。箕面こどもの森学園では、友だちであっても一人ひとり違う存在で、違う考え方をすることもあるし、それぞれ違っていていいことを、子どもたちはよく知っています。

テレビをあまり見ない女の子は、友だちとテレビの話題になったとき、きっぱりとこう言っていました。

「ごめん。私、あまりテレビって見ないから、そういう話をされてもわからないから期待せんといて」

「あっ、そうか。わかった」

テレビの話題で話しかけた子も、すんなりと受け入れていました。お互いの違いを認め合い受け入れられる関係性だったからこそ、自分はテレビを見ないとはっきり言えたのだと思います。その子は、中学校でテレビの話題になると、「忙しくて、時間がなかったから見てない」と本当のことを言わないで、適当に答えているそうです。

このように、卒業した子どもたちは、周りの子に適当に合わせる部分を持ちながらも、大切に思っていることはしっかりと自分の意思を貫いているようです。

小学生の頃から好きだった手芸やお菓子作りができる部活に入って、一年生ながら部長をやっていた女の子は、その後生徒会長になり、制服のリボンを変える活動をしたそうです。そして、小学生のときからあこがれていたグランドホステスになるために、海外留学ができる高校を選んで入学しました。そして今は、ニュージーランドの高校に留学し、自分の目標に向かって着々と進んでいます。

修学旅行で白浜へ

歌うのが大好きな女の子は、中学では吹奏楽部に入って活動しながら、ボーカル教室に通ったり地域の合唱団に入ったりして、音楽に没頭していました。高校生になった今、本格的に音楽の道へ進もうと考えているそうです。

この学校で劇団アニマルズを立ち上げたお芝居が大好きな女の子は、中学生になった今、地域の劇団に入り本格的なお芝居の公演をしたりして、演劇に打ち込んでいます。

小学生の頃、自分をうまく表現できずスタッフが手を焼いていた男の子がいましたが、高校生になった今、すっかり落ち着いて生徒会役員に立候補したり、小学生の頃から好きだった料理を家族のために作ったりしているそうです。また、当時から算数が得意だったその子は、高校では数学はいつも学年トップクラスです。他にも、私立中学に入学し、成績が学年でずば抜けてよく、周りから期待されている男の子もいます。

このように、学園の卒業生たちは自分が大切に思うそれぞれの道を着実に歩んでいます。

卒業生からのメッセージ

この学校が出している新聞に、卒業生からのメッセージのコーナーがあります。卒業生に執筆を頼んで、近況や今思っていることなどを自由に書いてもらっています。その中からいくつか紹介します。

「わくわく↓きのくに↓そして今……」

——亀井瑞季(二〇〇七年度卒業生)

こんな楽しい学校に行ってみたい。わくわく子ども学校を見学してそう思った私は五年から転入した。他の学校とは違うことばかりで魅力的だった。みんなでスケートをしたり、フリマで資金をためて修学旅行に行ったり、自分で算数や国

語の学習を進めたりと、どれも楽しかったが、プロジェクトが特に好きだった。お菓子を作ったり、友だちの影響を受けて手芸をしたり、それまでやったことのなかったことがたくさんできた。

中学も普通の学校に行きたいと思わなかったので、きのくに子どもの村中学校に入学し、動植物研究所というクラスに入って、やりがいのある中学校生活だった。

今、音楽をもっと勉強したくて、音楽高校のピアノ科で学んでいる。ソルフェージュや鍵盤和声、音楽理論など学科試験が続くと大変だが、結果を見るのが好きな私はそれはそれで楽しんでいたりする。二年で専門の時間が増える。勉強もピアノや声楽の実技ももっと頑張りたい。他の楽器も始めたい。やりたいことにどんどん挑戦していこうと思う。

――守安悠（二〇〇八年度卒業生）

「在校生のみなさんへ」

みなさんはとても素晴らしい境遇の中にいると思います。なぜなら、この学校では自分が興味を持ったことに挑戦することができるからです。でも自分がやりたいことも大切ですが、みなさんは必ずと言っていいほど中学校に行き、高校に行くでしょうから、みなさんは必ず勉強をします。

みなさんはあまり勉強は好きではないかもしれませんし、そうではないかもしれませんが、まずは自分がやってみたい科目から始めたり、本を読むことから始めたらいいと思います。好きな科目ならがぜんやる気もでますし、なお吸収がはやいです。本を読むなら最初は簡単な本を読んで、慣れてきたら字だけの本を読んだらいいと思います。

しかし中学になると自分が嫌いな科目でも絶対にやらなければいけないのです。それになれるためにもあまり興味のないことでもやってみる価値はあると思います。

最後に、みなさんはこの環境をうまく利用して自分にどんどん力を身につけて欲しいです。

「北海道の中学校での生活」

——井代晏（二〇一一年度卒業生）

私は六年間、箕面こどもの森学園に通っていました。そこで、すごく楽しい充実した小学校生活を過ごせました。こどもの森や、こどもの森のみんなが大好きなので、「卒業しても遊びに行きたい」と思っていました。でも、家の近くに行きたい中学校がなく、フリースクールも遠くて、北海道に引っ越すことに……

こどもの森に遊びに行きにくいので寂しいですが、「やっぱり近くの中学校に行くのは嫌だ！　北海道の学校は、私が苦手な普通の中学校だけど、大阪より少人数だし、チャレンジしてみよう！」と、決めました。

実際、行ってみるとクラスの子もみんな個性的で面白く、すぐに打ち解けました。仲良しの二人とは同じパソコン部で、お祭りに誘ってもらったり、海に行ったりと休みの日も遊んでいます。

勉強も、思っていたより期末テストでいい点が取れたり……と、なんとかやっています。期末も学力テストも、学年六位（三十九人中）でビックリ！！

文化祭では、ヨーヨーつりの模擬店を担当し、看板を作ったり、景品を決めたり……少しこどもの森の夏祭りを思いだしたりして楽しかったです。合唱は、アルトのパートになり、朝練も頑張りました。部活では自由発表に参加。私は友達と、ボカロのパンダヒーローを踊りました♪

「こどもの森で学んだことが私の中で活きている」と中学校に上がって感じることが増えました。調理実習とか実験で、班のみんなに頼りにされるし（笑）。

こどもの森のみんなに会えないのは、すごく寂しいですが、これからもずっと、こどもの森を応援してます！

創造性を育てる

幼い子が砂遊びをしているとき、五感と想像力をフルに働かせて自分の世界を創造し、それに没頭しています。それが、砂遊びで子どもが生き生きしている理由なのではないでしょうか。大人もまた人生を生き生きと生きたいと思っています。人が生き生きしているのは、自分の本当にやりたいことをやっているときでしょう。そのためには、まず、自分が本当にやりたいことと出会う必要があります。

自分の本当にやりたいことに、人生の早い時期に出会った人は幸いです。いや、本当は誰でも成人するまでに一度はそれと出会っているのですが、それを忘れてしまっているのです。成長の過程でいろいろなことに出会うので、本当にやりたいものがなんだかわからなくなります。これをやりたいと強く思ったものがあったとしても、まわりの環境がそれをすることを許さなかったという人もいるでしょう。自分が本当にやりたいこと、それを私たちは夢とか理想とか呼んでいます。

この学校の卒業生で、将来歌の道に進みたいと思っている女の子が、彼女の夢をつぎのように語っています。

私は今音楽に夢中になっています。とくに歌うのが大好きです。私は五年生から二年間わくわく（現・箕面こどもの森学園）に通っていました。入学した頃は音楽が大嫌いで、毎日手芸ばかりしていました。その頃はテディベアを作ることに夢中で、何体も作りました。今でも家のあちこちに座っています。勉強は全くできなくて、漢字なんて絵本で勉強をしていました。そんな生活を一年続けて六年生になった頃、私は川嶋あいという歌手に出会いました。川嶋あいの曲は詩がとても良くて、今でも大好きです。それから私は音楽が好きになっていきました。わくわくでも歌ったり、ピアノを弾いたりするようになりました。

今は合唱団に入ったり、学校では吹奏楽部に入っています。合唱団では歌詞に意味がある曲ばかり歌っているので、お客さんに気持ちを伝えるように歌います。「感動した」と言われたときは本当に嬉しいです。吹奏楽も楽しいですが、私はやっぱり歌う方が好きです。これからもどんどん歌っていきます。

——沼尾翔子（二〇〇八年度卒業生）

創造的な人とは、なにも天才的な科学者や芸術家ばかりを指すのではなく、自分の本当にやりたいことの実現に向かって努力している人だと思います。というのも、本当にやり

たいことをやるには、経済的なことも、技術的なことも、人間関係のことも含めて、創造的な問題解決の工夫が必要となります。それは、伝統的なものであれ、革新的なものであれ、今までと違ったやり方、あるいはその人らしいやり方でやるということです。

創造的に生きるとは、自分の夢や理想を実現するために懸命に生きることだと思います。一見平凡な生活の中ででも、いくらでも夢の種が見つかります。想像力をたくましくして、工夫と努力を重ねれば、きっとその夢を叶えることができるでしょう。

コラム2――保護者の声から

多人数での一斉授業になじめなかった娘が、わくわく子ども学校に出会い、通い始めたのは五年生の四月。それから一年間の娘の成長をみてつくづく感じるのは、自分のやっていることをきちんと評価してもらい、とことんやり通せる環境を保障してもらうと、人がいかに力を発揮できるかということでした。わくわくで自分の好きな手芸や料理を通して身につけた、「自分で計画を立て、それを実行していく」という姿勢は、あまり好きでなかった学科の勉強でも見られるようになり、最近では、自分が立てた計画をやり通すために、時には夜遅くまで一人机に向かっていることもあります。そんな娘の姿に、生きていく基本的な姿勢を身につけ始めた逞しさを感じます。わくわくに出会えて、本当によかった!

――沼尾浩子

思い起こせば、自我の芽生えから日々成長していく我が子に翻弄《ほんろう》され、親の立場を利用して子どもを管理しようとしていました。社会の求めに応じてすっかり身についてしまった合理的で効率的なものを、子どもに対しても求めている自分を自覚したときゾッとしました。親は、子どもにレールを敷いてしまってはいけないのです。

子どもらしくのびのびと育ってほしいという思いから、自分自身で考え、工夫して努力する時間と場所と助言者のそろったわくわく子ども学校で毎日を過ごしています。その中で、親も子どもの姿に驚き、ともに喜び、その成長ぶりに感謝することを学んでいます。

こんな学校に行きたかった私は、子どもたちとともに、わくわくした気持ちで毎日を楽しんでいるところです。

——多喜富美江

公立校を知らず四年間この学校に通っている娘は「楽しくないと〝勉強〟にならへん」と言う。他の授業が面白いぶん難しいと感じる「かず」の目標が学校では終らず、自分で宿題にして帰るなり、やり始めた。

「目標が出来ないのも自由なんやろ?」と、ちょっと意地悪を言ってみたら、「自分で決めたからやる。やらんかったら自分が困るからやる」と、こっちがびっくりする答えが返ってきた。

成績表もテストも宿題もない学校で、娘は自分のために勉強していたんだ。自分で決め、自分ですることが大事。この学校の子はみんなそう思っているんだろう。だからみんなのことも尊重する。人数は少なくても、一人ひとりがこの学校が大好きで、大切にしている仲間と過ごす毎日が、娘を支える根っこを伸ばしていってくれる。

――井代 淳

あと数カ月で四年生になる息子。幼稚園の年長のとき、この学校の一日体験授業に参加して、「好きなことが選べて、できるからここがいい」と、息子の声に入学を決めました。今では、自分の興味やひらめきを実現させていく喜びとともに、苦手なこと（特に漢字）を学習する必要性を感じつつあるようです。また、好きではないと本人が思っていたことも、周りの友だちが楽しんでやる姿を横目で見ているうちに、挑戦の気持ちが芽生えるようです。学校と友だちから、お互いを認めあっているという安心感を得て過ごしているからこそではないでしょうか？　自転車で片道四十分、喜々として通う息子の逞しさを尊敬しつつ。

――楠本佐保里

第3章 私たちの学校づくり

もし、あなたがそれを
本当に必要と思うなら、
まずあなたが始めるべきです
――パット・モンゴメリー（クロンララ・スクールの創設者）

箕面こどもの森学園の校舎

今から十四年前、「子どもが学びの主人公」の学校をつくりたいと思う人たちが集まって『大阪に新しい学校を創る会』を立ち上げました。しかし、学校づくりのノウハウなど持たない素人たちが学校をつくろうというのですから、何から始めていいのやらさっぱり分かりませんでした。みんなで理想の学校のことを語り合うのは楽しいことでしたが、それを実現する手だてを考えなければなりません。そこで、本で調べたり、自由な教育をする学校やフリースクールを見学したりしながら、少しずつ私たちのつくろうとする学校のイメージを形づくってきました。一方で、学校をつくった場合に必要となるカリキュラムや教材づくりなどの研究も始めました。また、学校づくりには欠かせない、人、お金、建物もみんなの協力を得て、なんとか手に入れることができました。

なぜ学校をつくったのか、どうやって学校をつくったのかということを知りたい人や、これから学校をつくりたいと考えている人のために、私たちが学校づくりの過程で学んだことや、この学校づくりに参加した人たちの想いについて書きます。

なぜ私は学校をつくろうと思ったのか

辻正矩

「なぜ、あなたは学校をつくろうと思ったのですか？」とよく人に聞かれます。一言でこの質問に答えるのはなかなか難しいことです。というのも、いくつかのデキゴトが重なって学校をつくることになったからです。今、その記憶の糸をたぐりながら、その経緯《いきさつ》を振り返ってみようと思います。

学校教育への疑問

私が学校教育に対して疑問を感じたのは、今から三十年ほど前のこと。当時、私は大学教師として建築を教えていましたが、学生の学習意欲の乏しさにうんざりしていました。多くの学生たちは何事にも受け身で、授業に集中できず、いつも友だちとこそこそおしゃべりをしています。それは年々ひどくなってきました。教壇の前に立って「授業を始めます」と言っても私語が止まず、「教科書を開きなさい」と促すまで教科書を開こうともしません。講義の要点を板書しても、それをノートにとる学生は半分くらい。私の授業では出席を取らなかったので、学期末には出席者は三分の一くらいになってしまいます。ところが、試験のときだけは教室は満員でした。そして、試験の結果が発表されると、不合格になった学生が「先生、何でもやりますから合格させて下さい！」と嘆願に来るのです。

いったい何のために彼らは高い授業料を払って大学に来ているのでしょう。彼らの目的は卒業証書を得ることであって、知識の取得ではないのです。そのような学生とやり取りをしているうちに、彼らだけに責任があるのではなく、一斉授業で画一的な教育を受け、受け身の学習を強いられてきた高校以下の学校教育のやり方に根本的な問題があるのだということに気がつきました。

フリースクールを知る

私の娘が高校に進学するときも同じような疑問をもちました。受験勉強に力を入れる管理主義の学校には入れたくなかったので、子どもの個性を伸ばす教育をする学校をさがしましたが、あいにく近くにはそのような学校はなかったのです。そんなとき、海外には子どもの個性や自立性を伸ばすフリースクールという学校があることを知りました。

ちょうどその頃、日本でもフリースクールをつくる動きが始まっていて、海外の自由な教育をする学校のことが紹介されるようになりました。大沼安史さんの『教育に強制はいらない』や、堀真一郎さん編著の『世界の自由学校』などです。それらの本には、イギリスのサマーヒル・スクールやデンマークのフリースコーレなどのことが紹介されており、「目からうろこ」の体験をしました。と同時に、なぜこのような教育が日本ではできないのかと考えるようになりました。

当時(一九八〇年代半ば)日本では、落ちこぼれ、いじめ、不登校などの問題がマスコミに大きく取り上げられるようになり、フリースクールやフリースペースとよばれる不登校児のための学び場がつくられ始めていました。フリースクールさとぽろ(札幌)、東京シューレ(東京)、野並子どもの村(名古屋)、フリースペースなわて遊学場(大阪)、わく星学校(京都)、地球学校(兵庫)などがあり、それらのいくつかを見学しました。

日本のフリースクールを訪ねる

フリースクールやオルタナティブ・スクールのほとんどは正規の学校ではありませんが、一九九二年に和歌山県橋本市にできた『きのくに子どもの村学園』は学校法人の私立学校です。私立学校といっても、サマーヒルとキルクハニティをモデルにした独自のカリキュラムが組まれており、自由な教育を行っています。この学校ができて二年目に見学に行きました。各クラスの授業を見て回りましたが、クラス名や活動内容がユニークで魅力的でした。そのときは、話し合いに参加しない子や別室でマンガの本を読んでいる子がいたりして、活発だけどまとまりがないなという印象を受けました。ところが、十五年後に訪れ

たときは、子どもたちはとても落ち着いていました。自由な教育を長年受けるとわがままな子になるのではなく、思いやりのある子に育つのだということを実感しました。

一九九三年に東京シューレを見学しました。校内を案内してもらい、子どもたちとも話をしました。その明るく屈託のない話し振りに、私のもっていた不登校児に対するイメージが覆されました。見学者の中に大阪から来たという高校教師がいました。見学が終わってから、いっしょに飲みに行き、意気投合しました。それが、後にいっしょに会を立ち上げた増田俊道さんです。もし、彼と出会わなかったら、私が学校をつくったかどうかは分かりません。人の出会いってほんとに不思議です。

堀真一郎さんとの出会い

一九九三年の十一月、私の家に『エコハウス』という交流スペースを設けました。ここで、隔月、音楽会や講演会を開催することになりました。音楽会は、シタール、中国古箏、馬頭琴など、民族的な音楽を中心に開きました。講演会の方は、「エコロジー」と「教育」をテーマにして企画しました。第四回講演会の講師として、きのくに子どもの村学園の堀真一郎さんに来ていただきました。講演の中で堀さんは、「自由な人間になるためには成長の過程で第一次的絆から離れなければならない。しかしそれは孤独なものであり、その孤独に耐えられる人間になることが重要である。学ぶということは、自分を解放するためのプロセスであり、知識や技術というのは目的ではなく、自由に生きていくための手段である」というお話をされました。

その後、きのくに子どもの村学園に堀さんを訪ねて、私たちの学校づくりについて相談しました。堀さんからは、「そのような学校ができるのは嬉しいので全面的に協力しましょう。生徒数は五十名くらいがいいと思う。学校をつくるというと、いろんな人が来るので、理念をはっきりさせた上で賛同者を集めた方がよい」などといった有益なアドバイスをいただきました。

デンマークのフリースコーレを訪ねる

一九九八年八月にデンマークの自由学校や福祉施設を視察する研修旅行に参加しました。デンマークにはフォルケ・ホイスコーレという独特の民衆学校があります。これは、一六〇年ほど前にグルントヴィという思想家が提唱した成人教育の場で、十八歳以上の人が二カ月から一年くらい、自然の豊かな場所で共同生活をしながら、自立的な生き方を学ぶ全寮制の小規模な学校です。書物から知識を学ぶことよりも、対話が重んじられています。そして、共同生活の体験を通じて社会性を自覚し、他の人々と協働して生きる民主的なライフスタイルを身につけることも重要なこととされています。

この研修旅行で、フリースコーレという自由教育をする小・中学校も見学しました。フリースコーレは日本の私立学校にあたりますが、運営費の七十五%が国から支給されるので、授業料はそれほど高くはありません。ですから生徒は公立か私立かを自由に選ぶことができます。デンマークでは、近くに自分の子どもを通わせたい学校がない場合、親たちが教師と校舎を用意すれば学校がつくれるので、小さな学校がたくさんあります。

私たちが訪ねたのもそのようなフリースコーレで、一八六九年に障害児をもった親たちが中心になって設立された学校でした。今は七~十四歳の児童一二六人が通っていますが、一クラスの生徒数は十八人と少人数です。入学希望者がとても多くて、入学希望者の待ちリストができているとのこと。中には子どもが生まれたときに入学希望を申し出る人もいるそうです。

この学校のモットーは「子どもが幸福であること、子どもが子どもであることを保障すること」。小規模で家庭的な環境の中でお互いの信頼関係ができているので、子どもたちは、生き生きとして幸せそうでした。訪問した各校で、幸せそうな表情の子どもたちを見るにつけ、(子どもが子どもであることが保障されていない日本の教育は、なんと貧しいのだろう)と思いました。そして、この旅の終わりには、「よし、このような学校を日本にもつくるぞ!」と決心しました。

サドベリーバレー・スクールを訪ねる

デンマークで学校づくりを決心したものの、どこから始めたらよいのかさっぱり分からなかった私を後押しするような出来事が起こりました。フリースペースなわて遊学場の西山知洋さんから、一九九九年の春にアメリカにあるサドベリーバレー・スクールの創設者のグリーンバーグ夫妻が講演旅行で日本にやってくるという話を聞いたのです。各地での講演会の主催者を募っていると聞いて、大阪でもやりたいと西山さんが手を挙げたとのことでした。ダニエル・グリーンバーグさんの書かれた『「超」学校』という本を読んで、サドベリーバレー・スクールのことは知っていたので、私もこの企画に参加することにしました。

福岡、高松、姫路、大阪、名古屋そして東京と、西日本を横断する講演旅行のことは、「詰め込みよりも学ぶ意欲を」、「自由な学校、社会の要求」などと、マスコミにも大きく取り上げられました。大阪の講演会の後、ダニエルさんにサドベリーバレーを訪問できないか尋ねてみました。すると、「秋にいらっしゃい。紅葉がとてもきれいですよ」と言われたので、その年の十月、サドベリーバレー・スクールを訪ねました。

サドベリーバレー・スクールはボストン近郊にありますが、キャンパスの広さと自然環境の美しさに驚きました。十エーカー（約四万㎡）という広い敷地の中央に校舎が建っており、その背後には大きな池があります。さらにその池の向こうには州立公園の広大な森が広がっています。この学校には四歳から十九歳までの二百人の生徒が通っており、四六時中、校舎の内外で子どもたちは遊んだり、おしゃべりをしていて、いつも遊び時間のような感じでした。子どもたちの表情はみんな生き生きとしていました。

本で読んだり、講演会で聞いたりした通りの学校でしたが、サドベリーの教育の核心は、やはり「互いの自由と平等を尊重する」というデモクラシーの実践にあるということを再確認しました。

新しい学校のイメージづくり

サドベリーバレー・スクールを訪問したその年に、子どもの主体性を尊重する自由な学校をつくりたいという人たちが私の家で定期的に会合を持つようになり、十月に任意団体の『大阪に新しい学校を創る会』が発足しました。初回の参加者は、元小学校の先生、高校や大学の教師、フリースクールの主宰者など五人でしたが、回を重ねるごとに参加者が増えてきました。

毎月定例会を開いて新しい学校のビジョンについて話し合い、一年ほどかけて新しい学校の設立趣意書をつくりました。最初は高校生のための学校を考えていましたが、「いや、中学生のときに学校的価値観に染められてしまうので遅すぎる」、「それでは中学校は?」、「いや、中学生でも遅すぎる、もっと早いうちからそのような教育が必要だ」という意見が出て、最終的に小学生を対象にすることになりました。

学校をつくると言ったものの、何から始めてよいか分からなかったので、「まずは子どもを知ろう」ということで、月二回、子どもたちの自由な遊びと学びを支援する『土曜わくわくクラブ』を大阪市内で始めました。室内でゲームをしたり、公園で遊んだり、絵を描いたり、料理を作ったり、アットホームな雰囲気で大人も子どもも楽しんでいました。

二〇〇二年四月に箕面市にあるコミュニティセンターに拠点を移しました。そのうちに参加する子どもの数も増えて十六人くらいになり、活動もダイナミックになりました。わくわくクラブでは、子どもたちにその日やりたいことを挙げてもらって、それを中心に一日の活動計画を決めました。ときには野外活動も行い、箕面周辺の川や山にも出かけました。

子どもたちは遊ぶこと楽しむことには熱心だったのですが、みんなで話し合って何かを決めたり、協力し合うという面が弱く、そういう「学びの共同体」をどうつくるかが大きな課題だと思いました。

学校設立に向かって動きだす

二〇〇二年は転機の年でした。毎月の定例会を公民館でやることになり、会員数も二十名を越えるようになりました。教育をテーマにした講演会を定期的に開くようにもなりました。アメリカのチャータースクール第一号のシティ・アカデミー高校の校長マイロ・

カッターさんの講演会を開いたときは、マスコミも報道してくれたため、たくさんの方が来られました。彼女の講演を聴いて、新しい学校をつくることの意義を再確認し、勇気づけられました。

二〇〇三年一月にNPO法人設立総会を開き、五月に大阪府の認証を得て、六月にNPO法人の登記をしました。そしてその夏、箕面市の生涯学習センターを借りて、小学生対象のサマースクールを開きました。三十四人もの子どもたちが参加し、十二人の支援スタッフと楽しい交流の時間をもちました。このサマースクールの企画運営の経験を通して、新しい学校の教育の姿が少しずつ見えてきました。

フレネ学校を訪ねる

私がフレネ学校のことを知ったのは、『わくわく子ども学校』を開校する二年前のことです。新しい学校をつくるためのアドバイスを得るために訪ねた和歌山大学で、最近フレネ学校を見学した人のスライドを見る会があると聞き、それに参加させてもらいました。フレネ学校では、個人の個性を伸ばすだけでなく、共同体の一員として協働して生活していくことも大切にされており、そのやり方は、私が考えていた方法にとても近いものでした。

フレネ教育のことをもっと知りたいと思い、インターネットで検索したところ、フレネ教育研究会という団体を見つけたので、早速入会し、同会の主催した研修旅行に参加し、

無農薬で庭づくり

オーガニック・ガーデン・ハンドブック
ひきちガーデンサービス［著］
◎9刷　1800円＋税
1日10分でみるみる庭が生き返る！　無農薬・無化学肥料での庭づくりのノウハウ。

オーガニック・ガーデン・ブック

ひきちガーデンサービス［著］
◎7刷　1800円＋税
プロの植木屋さんが伝授する、庭を100倍楽しむ方法。庭仕事の服装、道具、水やりの方法などの素朴な疑問にもお答えします！

《食と暮らしを考える本》

半農半林で暮らしを立てる

資金ゼロからのIターン田舎暮らし入門
市井晴也［著］　1800円＋税
『動物たちに囲まれて、大自然に抱かれて、ゆったり子育て、通勤ラッシュなし（腰痛はあり）』の暮らしぶりを描く。

下級武士の田舎暮らし日記

奉公・金策・獣害対策
支倉清＋支倉紀代美［著］　◎3刷
2400円＋税
仙台藩下級武士の日記から読み解く、江戸時代中期の村の暮らし。

気仙大工が教える 木を楽しむ家づくり

横須賀和江［著］　1800円＋税
日本の伝統的な木組の建築文化を支えた気仙大工。彼らの家に表われる、森の恵み、木のいのち、家づくりの思想。

タネと内臓

有機野菜と腸内細菌が日本を変える
吉田太郎［著］　◎3刷　1600円＋税
世界の潮流に逆行する奇妙な日本の農政や食品安全政策に対して、タネと内臓の深いつながりへの気づきから警鐘を鳴らす。

価格は本体価格に別途、消費税がかかります。価格・刷数は2020年6月現在のものです。

総合図書目録進呈します。ご請求は小社営業部（tel：03-3542-3731　fax：03-3541-5799）まで

《歴史と文化を知る本》

宝石　欲望と錯覚の世界史

エイジャー・レイデン［著］和田佐規子［訳］
◎2刷　3200円＋税
宝石をめぐる歴史、ミステリー、人々の熱狂と欲望を、時間と空間を越えて、縦横無尽に語る。

歴史をつくった洋菓子たち

キリスト教、シェイクスピアからナポレオンまで
長尾健二［著］　2400円＋税
今に伝わる洋菓子は、どのように発明、工夫され、世界中に広がる文化へ昇華されたのか。豊富なエピソードと共にひもとく。

手話の歴史［上・下］

ろう者が手話を生み、奪われ、取り戻すまで
ハーラン・レイン［著］斉藤渡［訳］前田浩［監修、解説］◎2刷　各2500円+税
手話言語とろう教育の真の歴史を生き生きと描き、言語・文化の意味を問いかける。

植物と叡智の守り人

ネイティブアメリカンの植物学者が語る

《ロングセラー》

土と内臓　微生物がつくる世界

D・モントゴメリー＋A・ビクレー［著］
片岡夏実［訳］◎13刷　2700円＋税
農地と人の内臓にすむ微生物への、医学、農学による無差別攻撃の正当性を疑い、微生物研究と人間の歴史を振り返る。

天然発酵の世界

サンダー・E・キャッツ［著］きはらちあき［訳］
◎4刷　2400円＋税
時代と空間を超えて脈々と受け継がれる発酵食。100種近い世界各地の発酵食と作り方を紹介、その奥深さと味わいを楽しむ。

斎藤公子の保育論［新版］

斎藤公子［著］＋井尻正二［きき手］
◎3刷　1500円＋税
「さくら・さくらんぼ保育」の創設者が原点を語る。科学と実践に基づく保育理念を語ったロングセラー、待望の復刊！

狼の群れと暮らした男

フレネ学校を見学しました。そこで出会った子どもたちは、みんな明るくて元気だけど落ち着いていました。今まで見てきた学校の中で、最も私たちのイメージに近い学校だと思いました。

フレネ学校は、学校の敷地全体が起伏に富んでいて、その中に白く塗られた小さな校舎がいくつか点在しています。クラスは、幼年クラス（四〜六歳）、低学年クラス（七〜九歳）、高学年クラス（十〜十二歳）の三つで、各クラスとも二十名前後です。

見学者がまず驚かされるのは、授業中とても静かだということです。発表者以外は先生も含め、ささやくように話します。

フレネ教育の学習の中核となるのは自由作文ですが、これは朝の会の後に毎日書きます。テーマは自由で、子どもたちが学校や家庭で見聞きしたこと、覚えたこと、感じたこと、旅行の印象などを書きます。表現のわからないところは先生に聞き、書き終わると全員で発表し、内容や文章について質問や意見が出され、話し合われます。そしてその中から作文を一つ選んで印刷し、それをテキストにして読み方や綴り、文法や表現法を学びます。

一人の子が発表する間、他の子はとても静かに聴いています。なにか質問したいことがあるとそっと手をあげて、先生から指名されるまでじっと待っています。このようにフレネ学校では、人の話を聴くこと、人前で自分の経験や考えを話すこと、自分の学習を自分で計画し管理することが大切にされていて、その達成レベルが学年ごとに上がっていくように、幼年クラスから高学年クラスまで一貫した教育が行われています。

いくつかの自由学校を見てきて、（日本の教育がいかにひどいかを知ってしまったのだから、今の日本に必要なモデルとなるような学校を創らないわけにはいかない。でも、学校づくりのノウハウをもたない私にできるのだろうか）といった自問自答を繰り返していました。そんなとき、クロンララ・スクールのパット・モンゴメリーの「もし、あなたがそれを本当に必要と思うなら、まずあなたが始めるべきです」という言葉が耳に響いてくるのでした。

そして、最後にこう考えました。私が死ぬ瞬間に自分の人生を振り返ったとき、その思いがありながらそれをやらなかったとしたら、きっとそのことを後悔するだろう。このまま、自分の思いを形にしないまま死んでしまうのでは、自分の人生は完結できない。そうならないためにも理想の学校を自分の手で創らなければならない、と決意を新たにしたのです。

学校づくりの夢が現実になる

藤田美保

私が教師になったわけ

両親とも教師で、周囲から教師になることをどこか期待されて育った私にとって、教師は最もなりたくない職業でした。〈子どもの前でもっともらしいことは言うけど、自分はどうなん？〉と思うことが何度かあり、〈学校の教師なんて毎日同じことの繰り返しでつまらない〉と思っていたからです。それと、〈広い世界を見てみたい。三重県から出られない人生は嫌だ〉とも考えていました。

そんな私が「子ども」という存在に興味をもったのは、高校生のとき。十三歳離れた妹が三、四歳になった頃でした。

「雨はどうして、雲から降ってくるん？」

「雲は水蒸気っていう水の粒のかたまりで、それが重くなったら降ってくるんやで」

「へえ～、かみなりさまがじょうろで？」

「う～ん、まあ、そんなとこかな～」

妹との間でこういうやりとりがよくあり、そのたびに、〈子どもの発想力ってすごいな

〜。子どもっておもしろいなあ）と思いました。いろいろ考えるうちに、人が人として生きていくために必要なもの、それが「教育」だと思うようになりました。教師になりたいという動機ではなく、人が人として生きる教育のあり方について学びたいという思いで大学を選びました。

大学で学ぶ中でも、「子ども」と「教育」は、私の中で大切なキーワードとなっていき、発展途上国で教育支援に関わる道を模索しました。バングラデシュをフィールドに選び、卒論でバングラデシュの教育について書くことにしました。資料を集めるために二カ月間現地にも滞在しました。ある程度のベンガル語を修得していたので、日常会話には不自由しませんでした。そのため、いろんな人の声を直接聞くことができました。くず鉄拾いの男の子たち、縫製工場でミシンを踏む女の子たち、スラムや路上で暮らす人々。私のことを家族の一員として扱ってくれる家族もできました。貧しい暮らしの中でも、人々は明るくたくましく生きていました。現地でいろんなことを経験すればするほど、日本人の私が行う「援助」とは何なのか、その答えを見つけられなくなっていったのです。

そんな中、就職活動をする時期がやってきました。生活するためにどこかに就職しないといけません。自分がどこに進むべきなのか、答えを見出せないでいた私は、（大好きな子どもたちと毎日を過ごせて、お給料ももらえるし、しばらく小学校の教師でもしながら考えよう）と、小学校の教師になることにしました。

公立小学校で感じたこと・考えたこと

三月末に赴任校が決まり、初めてあいさつに行ったときのことです。職員室に一歩足を踏み入れた私は愕然としました。職員室の一番目立つ場所に、その学校の子どもたちが守るべき約束を書いた紙が貼ってあったのです。

「名札をつけましょう。登下校の時間を守りましょう。チャイムを守りましょう。学校にいらないものをもってこないようにしましょう……」と。

（なぜ、こんな管理的なことが約束なんだろう？　友だちを大切にしようとか、自分の気持ちを大切にしようとか、約束にしたらいいことって他にあると思うけど……）。勤務初日にして、（ここは、私が来るべきところではなかったかもしれない）という違和感を抱いたまま、私の教員生活がスタートしました。

担当したクラスは二年生でした。

「藤田さんが受け持つクラスは前の先生がベテランの先生やったから、子どもらすごく賢いで。やりやすいと思うわ」

先輩教師からそう言われましたが、確かによく指示をきく子どもたちでした。給食でシチューが出たときのことです。子どもたちはシチューを食べ終わると、パンでお椀についているシチューを拭き取り、そのパンを食べ出しました。不思議そうに見つめる私に、子どもたちが説明してくれました。

「こうするとお皿もきれいになっておばさんも洗いやすいし、汁ももったいなくないやろ？　前の先生がそうしなさいって言ってた」

「それはそうやけど、そうせなあかんってわけじゃないと思う。そうやろうと思う人はやったらいいいんじゃない？」

「え？　そうなん？」

「周りの大人がいつも正しいとは限らないで。間違えていることだってあると思う。大切なことは、自分の心で感じて自分の頭で考えることやと思う」

学校に行ったら先生の言うことをきくのが当たり前で、先生に言われたとおりやってきた子どもたちは、びっくりしたようでした。

このように学校の体制や教師集団の価値観になじめなかった私が、知らず知らずの間に感覚が慣れて（公立学校の教師になってきている）と感じる出来事が起こりました。冬の時期、公立学校では体育で縄跳びが始まります。周りに合わせて、私も体育で縄跳びを子どもたちにさせることにしました。いつものように体育で縄跳びをやっていたときのことです。一人の男の子が、小さな虫を手のひらに乗せて私のところにやってきました。

郵 便 は が き

料金受取人払郵便

晴海局承認

8043

差出有効期間
2021年 9月
1日まで

104 8782

905

東京都中央区築地7-4-4-201

築地書館 読書カード係 行

お名前	年齢	性別	男・女
ご住所 〒			
電話番号			
ご職業（お勤め先）			

購入申込書 このはがきは、当社書籍の注文書としてもお使いいただけます。

ご注文される書名	冊数

ご指定書店名　ご自宅への直送（発送料300円）をご希望の方は記入しないでください。

tel

読者カード

ご愛読ありがとうございます。本カードを小社の企画の参考にさせていただきたく存じます。ご感想は、匿名にて公表させていただく場合がございます。また、小社より新刊案内などを送らせていただくことがあります。個人情報につきましては、適切に管理し第三者への提供はいたしません。ご協力ありがとうございました。

ご購入された書籍をご記入ください。

本書を何で最初にお知りになりましたか？

□書店　□新聞・雑誌（　　　　）□テレビ・ラジオ（　　　　　　）
□インターネットの検索で（　　　　　）□人から（口コミ・ネット）
□（　　　　　）の書評を読んで　□その他（　　　　　　　　）

ご購入の動機（複数回答可）

□テーマに関心があった　□内容、構成が良さそうだった
□著者　□表紙が気に入った　□その他（　　　　　　　　　）

今、いちばん関心のあることを教えてください。

最近、購入された書籍を教えてください。

本書のご感想、読みたいテーマ、今後の出版物へのご希望など

□総合図書目録（無料）の送付を希望する方はチェックして下さい。
＊新刊情報などが届くメールマガジンの申し込みは小社ホームページ（http://www.tsukiji-shokan.co.jp）にて

「先生、ぼくの縄跳びが虫にあたってしまって虫が死にそう……」

名前も知らない小さな虫。私には、取るに足らないものに見えました。

「あ、そうなんや。でもな、今は体育の時間やから、自分のところに戻って縄跳びしよう」

男の子は、だまったまま自分の場所に戻り、縄跳びを再び始め、それに安心した私は、虫のことはすっかり忘れました。

体育の時間が終わり、休み時間になりました。体育倉庫に使ったものを片付け、職員室に戻っていたときのことです。たくさんの子どもたちが遊ぶ運動場の片隅で、さっきの男の子がしゃがみこんで何かをしているのを見つけました。

「何してんの?」

声をかけると、その子は私を振り向きもせずに、こう答えました。

「さっきの虫が死んだから、虫のお墓を作ってる」

その言葉を聞いた瞬間、からだの中を電流が走ったような衝撃を受けました。(私にとっては取るに足らない虫でも、この子にとっては違ったんや。なんでそれがわからなかったんやろう? なんであのとき、縄跳びはしなくてもいいから、虫をみてあげたらって言えなかったんやろう?)。そのときの私は、その子にそれ以上声をかけることも、謝ることもできませんでした。学校の体制や周りの教師の対応を批判しているにもかかわらず、自分にも知らず知らずのうちに、公立学校の教師としての価値観や振る舞いが身についてきているのだと感じさせられました。

次に担当したのは五年生でした。偶然にも妹と同じ年の子どもたちで、この子たちを六年生まで二年間担任しました。やんちゃな子もいたのですが、何かをやりたいというエネルギーと発想力にあふれたクラスでした。私の学校の体制への疑問と不満、子どもたちのもつエネルギーと発想力は、次第に融合し、クラス全体で今から考えるとびっくりするような企画をやらかしていきました。なんでもありの調理実習、捨て猫・捨て犬の里親さがし、丸一日のレクリエーション、お化け屋敷の開催などなど……。

子どもたちとの時間は、すごく充実したものでしたが、私の中では何かが違うと感じていました。そして、もっと別の学校のカタチ、もっと別の教育のカタチを模索しはじめました。きのくに子どもの村学園の堀真一郎さん、東京シューレの奥地圭子さん、らくだ教材の平井雷太さんなどの、公立学校とは違う学びについて書かれた本を読むようになりました。それらの本を読むうちに、「私も学校をつくりたい」と思うようになりました。どうすれば学校をつくれるのか……。よくわからなかったので、子どもたちの卒業と同時に退職し、教育についてもう一度学ぶために大阪に引っ越し、大学院に進学することにしました。

卒業式の日、旅立つ子どもたちにこう話しました。

「私は、公立学校の教師を辞めます。辞めて、自分が納得のできる学校をつくりたい。学校をつくるってすごく難しいことだと思います。可能性は一％しかないかもしれない。でも、公立学校とは違う学校をつくりたいというのが私の夢です。たった一度の人生だから、私は夢をかなえるために、一％の可能性にかける人生を生きていきたい。みんなにも、いろんな夢があると思います。みんながその夢をかなえるのは難しいかもしれません。でも、一％でも可能性があるなら、その可能性を信じて努力するような人生を歩んでいってもらいたい。なかなか会えなくなるけど、ずっとずっとみんなのことを応援しています」

ある日の新聞記事

大学院で修士一年目が始まったにもかかわらず、私が最初に行ったことは休学手続きでした。教師生活二年目で大阪在住の夫と結婚していたのですが、妊娠三カ月になっていたのです。生まれるのが秋なので、前期のみ授業に参加し、後期は出産と育児に専念しました。続いて修士二年目。いよいよ研究がスタートするはずが、またしても休学。年子で二人目を妊娠してしまったのです。驚く周りを気にしながらも、またもや前期のみ授業に参加し、後期はお休みしました。三度目の正直で、修士三年目にしてようやくＭ１（修士課程一年）がスタートしました。けれどもその頃には、二人の幼い子どもを育てながら大学院の授業と修士論文の準備をしていくことで精一杯で、学校をつくりたいという気持ちはだんだん薄れていきました。（学校をつくるなんてできるはずない。そんなこと夢のまた夢やったんや）と思うようになり、修士論文のテーマも学校づくりとは関係のないものになっていきました。

そんなある日、たまたま読んでいた新聞のある記事に私の目は釘付けになりました。『大阪に新しい学校を創る会』という団体が、アメリカのチャータースクールの校長マイロ・カッターさんをよぶ講演会を、私が住んでいる箕面市で開催すると書いてあったのです。学校づくりはほぼあきらめていた私でしたが、チャータースクールについて自分なりに調べ、理解もしていたので、この新聞記事が自分にとって大きな意味をもつことがすぐにわかりました。（何が何でも、這ってでも行かないといけない）と思い、すぐに申し込みをしました。下の子を義母に預け、上の子を抱いて講演会に行きました。

講演会の内容は、私が想像した通りの内容でした。講演会の最後、主催団体からのお知らせがありました。「私たちは、大阪で新しい学校をつくるための準備として、月に一回定例会を開いています。新しい学校づくりに関心のある方はぜひ来てください」。

（学校をつくるなんて一人では無理なんや。仲間がいる。この人たちと私の考えていることは、そんなに違わない。だとしたら、この人たちといっしょにやっていく以外に、私には学校をつくれる道はない。一人では無理やったけど、この人たちとなら夢を実現できるか

もしれない）、そう感じました。すぐに会員になり、翌月から定例会に毎回参加するようになりました。

こうして、私の『大阪に新しい学校を創る会』のメンバーとしての学校づくりが始まりました。

保護者の立場から学校づくりにかかわる

守安あゆみ

フリースペースなわて遊学場を主宰していた父（西山知洋）が辻さんと知り合いでした。『大阪に新しい学校を創る会』という会ができて土曜日に活動をするらしいと聞き、ちょうど六歳になる娘のために土曜わくわくクラブに参加することにしたのが、創る会との出会いです。私の両親は、元は公立中学校の教師でした。父は、サマーヒル・スクールのニイルの影響を受け、学校の生徒だけでなく自分の子どもたちにもニイルの精神をもって接していました。それで私は、両親から口出しされることが少なく、自由にのびのびと育ちました。そんな両親の影響もあり、結婚して子どもが産まれると、「子どもを大切に育てるために本当にいいと思うことを実践していきたい。そのためにも、いい学校ができたらすてきだなあ」と考え、会のメンバーとなりました。

保護者の立場でかかわっていたこともあり、月一回の会議では、親についてきている子どもたちの遊び相手をするのが私の担当でしたが、そのうち自然な流れで土曜わくわくクラブのスタッフになりました。学校ができたときには自分の子どもの入学とともに、教育スタッフとして週二回学校に通うようになり、また、子どもたちを見守る大人たちが集まってつくった『きんかんの会』の世話人もさせていただき、思い描いた子育て、教育に向かっている喜びを感じました。

森がだんだん育っていくように、学校も少しずつ成長してきました。その中で、私自身も周りの人たちに助けられ、経験を積むうちに少しずつ変わっていきました。スタッフとしてかかわる時間も増え、常勤スタッフになり、今ではNPO法人の副代表理事もさせていただいています。ただの主婦だった私に、こんな人生が用意されていたなんて、人生って本当にわからないですね。

日本にはこどもの森のような学校が必要です。それは、こどもの森学園の教育が最もよい教育方法で、すべての学校がこうなってほしいということではありません。子どもたちが自分の可能性を伸ばすために、それぞれに合った学校を選べるには、多様な教育の選択肢が必要だと考えているからです。

この学校の十年の歩みは、山あり谷ありでした。新しいことをするとき、周りの人たちの理解を得るのには並大抵でない苦労がありますし、これからも次々と新しい問題がでてくるでしょう。私たちはその問題を困ったことではなく、学校を育てるための課題、さらなる成長のチャンスと捉えて、地道に取り組んでいきたいと思っています。こどもの森の成長は、学校に関わる人々（子ども・スタッフ・保護者・会員）の成長とともにあり、そのことがひいては社会を成長させていくことにつながっていると確信しています。

学校づくりに集まってきた仲間たち

学校づくりは、一人でできることではありません。「学校をつくろう！」という途方もない夢にそれぞれの思いをもって集まった人たちが、自分にできることをやっていって少しずつ形づくっていくものです。それは、だれかにやってほしいと頼まれたことでもなければ、やったからといってお金が得られるようなものでもありません。日本の学校を何とかしたい、子どもたちの置かれている状況を少しでもよくしたいという強い思いを持った者同士が、何回も話し合いを重ねる中で、お互いを信頼し合い、足らないところを補い合いながら、学校づくりの活動を進めてきました。ときどき、人から「こんな学校があるなんて。奇跡のような学校ですね」と言われることがあります。でも、強いて言うならば、そう言ってもらえるような学校を何もないところから一緒につくってきた仲間の存在そのものが奇跡であると言えます。

学校づくりに集まったすてきな仲間たち。そのうちの四人を紹介します。

増田俊道さん――『大阪に新しい学校を創る会』を立ち上げ、運営の中心を担う

辻代表とともに会を立ち上げた人、それが高校教師の増田さんです。教員になって数年が経った頃、増田さんは、生徒の学ぶ意欲を高めることができない自分の力不足や、管理教育が進行し中退する生徒が後を絶たない状況を何とかしたいとの思いから、様々な学びの場を訪れていたそうです。そんなとき、見学に行った東京シューレで偶然にも同じ日に見学に来ていた辻に出会いました。

東京の居酒屋で意気投合し、エコハウス（辻の自宅）で、定期的にコンサートや講演会を開催する活動に参加するようになりました。そこに講師としてお呼びした、きのくに子どもの村学園の堀真一郎さんや地球学校の児島一裕さん、サドベリーバレー・スクールのグリーンバーグ夫妻と知り合う中で、彼と一緒に大阪に新しい学校をつくりたいと考えるようになったそうです。

学校をつくるにあたり、エコハウスで土曜わくわくクラブという小学生向けの活動を始めることになりました。増田さんは、自分の子どもといっしょにそこに参加するようになり、活動場所が箕面市に移ってからは、増田さんが土曜わくわくクラブの担当になりました。そして、『NPO法人大阪に新しい学校を創る会』が立ち上がると、副代表理事として会の運営にも責任を持つことになりました。

学校を立ち上げた後は、定例会や教育フォーラムなどのイベントの運営を中心的に担ってくれたり、日本型チャータースクール推進センターなど他団体との交流も担当してくれたりしました。実際に学校を運営していく中で、「強く長く思い続けていれば、夢は現実になる」ということを実感する一方で、さまざまな壁もあり、理事会や運営委員会では資金のことなど厳しい課題も次々と待ち受けていました。けれども、入学した子どもたちや保護者のみなさん、そしてスタッフやボランティアなど、関わる人が増えていくことで前向きに考え、乗り越えることができたそうです。

公立高校の仕事と組合活動などが忙しくなり、今は理事を辞められた増田さんですが、創る会やこどもの森を通じて得た、たくさんの学びや出会いは公立学校の教育活動にも大いに役に立っているそうです。そして、箕面こどもの森学園をはじめとしたオルタナティブ・スクールの実践が、これからの日本の学校改革、教育改革の原動力になっていくことと信じているとのことです。

増田さんが目指す教育（生き方）は、「マイノリティー（少数者・被抑圧者）の立場に立てること」、「他人と違うことを恐れず多様性を大切にすること」、「多文化による共生社会を目指すこと」。実現は難しいけど、公立学校や組合活動の中で、それらを実践し、価値観を共有できる人たちと、様々な場でつながっていきたいと考えているそうです。

飯尾光子さん――NGO職員の経験を活かし、事務体制の土台をつくる

学校づくりとその運営には多くの人たちがかかわります。その学校という組織を回していくためには、しっかりした事務体制が必要です。それを一から作り上げてくれたのが飯尾さんでした。

飯尾さんは、NGO職員として、バングラデシュで学校に通えない子どもたちに対する奨学金や学校建設等の教育援助活動の仕事に長年かかわってきました。そこで、貧しいけれども、現地の子どもたちの生きる力に感動することが何回もあったそうです。一方、物質的には豊かであるけれども、指示待ちで無気力に見える日本の子どもたち。次第に、バングラデシュの子どもたちのような生きる力を身につける教育の実現に協力したい、学校をつくりたいと考えるようになっていきました。そんなとき、『大阪に新しい学校を創る会』が主催する講演会の新聞記事をみつけ、その講演会に参加しました。

その講演会では、辻代表が、オルタナティブ・スクール創設への思いを話しました。その話を聞いた飯尾さんはとても感動し、自分のNPO法人立ち上げや活動の経験を生かし

ながら、理想とする教育の実現を目指す新しい学校づくりを手伝いたいという思いから、学校づくりのメンバーに加わりました。

堺市在住の飯尾さんは、自分で車を運転して高速を走って箕面に何度も通ってきました。学校の校舎探しの中心となり、何軒も不動産屋を回り、物件もたくさん見ました。そんな中、箕面駅から徒歩で通学でき、間取りも手ごろな民家に決まったときは、すごくほっとしたそうです。

飯尾さんは、開校から三年間、事務スタッフ兼非常勤の教育スタッフ、NPO法人の理事としても活躍してくれました。そして、NGO職員の経験を発揮し、寄付金集め、生徒募集、会員管理、会計処理、事務書類の作成などを一手に引き受けてやってくれました。

そんな飯尾さんからのメッセージを紹介します。


「自己決定権のある教育が自立心や生きる力になっていると思います。行事の企画・実行・問題解決まで主役になって運営していくことで、成長していった子どもたちの姿が目に焼き付いています。その後、地元の堺で子育て支援の活動を続けています。これまでのいろんな経験から、乳幼児の子育てや学童期の子どもの教育は「親育て」に尽きると実感しています。親の意識次第で子どもは変わっていきます。子どもの教育環境はまさに親であるとも言えます。学校教育と共に家庭教育の大切さも忘れないでください」

中村幸子さん——校舎探しに奔走し、会計を担当する

中村さんが、会のメンバーになったのは、バザー用品を寄附していた障害者団体から送られてきた機関紙の中に同封されていた一枚のチラシがきっかけでした。「こんな学校に行きたいなあ！　わくわく教育フォーラム」。（こんな学校って、どんな学校なんだろう？）と思った中村さんは、フォーラムに参加しました。

中村さんが、フォーラムのチラシに惹かれたのには、理由がありました。二人のお子さんをモンテッソーリの幼稚園に通わせていた中村さん。それまで、一斉授業しか知らなかったため、モンテッソーリ教育は、まさに「目からうろこ」だったと言います。お子さんだけでなく、中村さん自身もその教育のよさに魅了されていきました。卒園後、お子さんたちは、公立小学校に入学しました。運動会の練習が始まった頃、練習が嫌なのに無理にやらされていると感じた娘さんの方が「学校に行くのが嫌だ」と言い始め、五年生から不登校になりました。チラシを見たのは、お子さんたちが成人された後でしたが、これらの経験から（自分もかかわってできることをやりたい）と思ったそうです。

豊中市の公民館で、学校づくりのための定例会が開催されることになりました。豊中市民でもある中村さんが、公民館の部屋の予約係となりました。利用時間は十三〜十七時。話し合いが長引くと、喫茶店で話し合いを続けることもありました。大変だったけど、これから新しい学校をつくるんだ！　という希望にあふれていました。

NPO法人になり、学校づくりの夢は着実に進んでいき、いよいよ校舎探しが始まりました。中村さんは、飯尾さんとともに物件探しの担当になりました。いろんな条件を比較しながら、何軒も物件を見て回り、ようやく箕面四丁目の一軒家に決まりました。学校が開校し、事務のサポートとして関わるようになった中村さん。箕面こどもの森学園に移転してからは、会計と安全管理を担当してくれています。

「ここは、子どもたちが楽しんで通える学校だ」。公立学校に行きにくくなっていた子どもでも、明るく楽しそうに通っている姿を見て、中村さんはそう感じています。一人ひとりの子どもに合ったいろんな学校があっていい。子どもたちが、笑顔で楽しんで過ごせる学校がもっと増えていくことを願っているそうです。

わくわく子ども学校の校舎

平嶋好美さん――小学校教員の経験を活かし、カリキュラム・教材の基礎をつくる

十数年前、平嶋さんは、子どもたちが安心して自信をつけながら、生活する力をつけていく様な学びの場（＝学校）をつくりたいと考えていました。手伝ってくれる人も何人かいて、参加形態や開校日、活動内容などを検討していたそうです。

そんなある日。自分と同じようなことを考えている人がどこかにいるかなと思い、「学校を創る」というキーワードでネット検索したところ、『大阪に新しい学校を創る会』が見つかりました。（一体、どんな人たちなんだろう）そう思った平嶋さんは、『創る会』にメールを送り、運営委員会を見学に行くことになりました。

運営委員会に行くと、そこには、学校づくりを「手伝ってもいいよ」という人たちではなく、「いっしょに創ろう！」という人たちが集まっていました。そのことが頭から離れなかった平嶋さん。もらってきた会報を何度も何度も読み返し、会員になることを決め、学校づくりのメンバーとして加わることになりました。

学校が開かれると、スタッフそれぞれが自分のできる分野で子どもたちとかかわることになりました。平嶋さんは、プロジェクトの手芸や工作、ことばやかずなどの学習を担当しました。滋賀県在住のため電車で通うのにかかる時間は往復五時間。あまりにも時間がかかるので、高速を使って車で通うようになりました。当時は無償のボランティアだったため、交通費は大きく膨れ上がり、友人からは道楽とあきれられたそうです。帰宅は九時、十時になりながらも、次回は何をしようかと気持ちをわくわくさせて通い続けていたそうです。そんな平嶋さんが寄せてくれたメッセージを紹介します。

「学校は、生きものだと思います。開校当初と比べると、どんどん変化してきました。個性の違うスタッフが、真ん中にいる子どもたちを囲んで学校という名の同じ船に乗って協力してやっています。仲間に入れてもらって十年、自分自身でもよく続けられたものだなあと思っています。ここにはスタッフにも選択の自由（そして責任）があり、もの作りや学習で新しい試みに挑戦できたこと、子どもたちとの活動の中で発見や感動をもらえたこと、そんな魅力が大きかったと思います。一人ひとり違う子どもたちが育ち合うには、いろんな学校が必要なはずです。もっと、多くの人が学校づくりに関わり、いろんなタイプの学校ができていくことを願っています。子どもは、安心できる場所と、受け入れてくれる仲間と、見守ってくれる信頼できる大人がいれば、どんどん成長していきます。大人は、そんな環境作りに努力し、子どもの幸せを願いながら、巡り巡る役回りの中で、今自分のできること、したいことの実現のために進みましょう、自分自身も楽しめる方法を探しながら」

学校のつくり方

ふつうの人が「学校をつくりたい」と思っても、どうすればいいか見当もつかないと思います。私たちの場合もそうでした。あるのは、「学校をつくるぞ！」という熱い思いだけで、手探りでやっていくしかありませんでした。そうやっているうちに、次にやらなければならない課題が見えてきて、それを一つずつ解決することで、一歩ずつ前に進んできたのです。私たちがたどった道を振り返ると、おおよそ次のようなものでした。

1――学校をいっしょにつくりたいと思う人を募る
2――教育理念と方針案をつくる
3――事業計画を立てる（学校の運営組織をつくる）
4――スタッフを集める（学校の教育組織をつくる）
5――教育方法を決める
6――施設を用意する
7――生徒を集める
8――運営資金を集める
9――制度上の問題をクリアする

賛同者を集める

新しい学校づくりは、まず、だれかが「新しい学校をつくりたい！」という思いを表明して、賛同者を集めることから始まります。この学校の場合は、辻と増田が呼びかけ人に

なって賛同者を募り、任意団体の『大阪に新しい学校を創る会』を立ち上げました。そして、学校づくりについて話し合う場として定例会を毎月持つことにしました。定例会の会場は最初は代表者の自宅でしたが、後にはみんなのアクセスのよい千里中央（豊中市）にある公民館を利用しました。

口コミのほかに賛同者を集めるための活動として、教育に関する講演会を年に二、三回のペースで開催しました。参加者は四十名から百名くらいありました。その参加者の中から、いっしょに活動を始めてくれる方が何人か現れました。定期的に会のニューズレターを発行したり、ホームページを作って情報発信しました。ホームページを見て、定例会に来られた方もありました。

こうやって少しずつ会員を増やしながら、新しい学校の教育理念や教育方針について話し合ってきました。一年くらいかけて、学校設立趣意書（資料1）が完成しました。設立趣意書には、設立の目的、教育の方針、教育の特色、カリキュラムと学習評価法、生徒定員と教育組織、施設計画を書きましたが、この段階では、学校の大まかな姿を形づくるのが精一杯でした。

事業計画を立てる

次に、学校設立にかかる費用や運営組織の検討を行いました。学校の形態としては、当初は私立学校を考えていたので、大阪府庁の私学課を訪ね、担当の人に学校づくりに必要な手続きについて聞きました。大阪府には、『私立学校の設置に関する審査基準』があり、それに適合していなければならない。設置申請をすると、私立学校審議会で審議され、府知事が認可の可否を決定するとのことでした。その審査基準（一九九八年のもの）には、「学級数は、小学校については十二学級以上、中学校については六学級以上を標準とすること。生徒数の動向、既存の学校の収容定員の状況等を考慮していること」と書かれていました。

担当の人に私たちが考えている学校の規模を聞かれました。「小学校は四十人で、中学校は二十人です」と答えると、「それで、何学級ですか?」と聞かれました。「小学校、中学校、それぞれ一学級です」と答えると、「小学校では十二学級が最低の規模です」と担当者。「国の設置基準（学校教育法施行規則第十七条）には、但し書きで、『土地の状況その他により特別の事情があるときは、この限りではない』と書かれているから、特別な事情を考慮していただけませんか?」と聞きましたが、「そのようなことは無理だろう」というつれない返事。和歌山県には児童数九十人の小学校が、福井県には四十八人の小学校が認可されている事例があることを説明しましたが、「和歌山県や福井県はいざ知らず、大阪府ではそれはない」と断言されてしまいました。

こんな事情から私立学校はあきらめ、ＮＰＯ法人の学校をつくることにしました。私立の学校は、学校経費の三～四割が地方自治体から助成金としてもらえるのですが、ＮＰＯ法人には、そのような助成金は一切ありません。私立学校へ寄附した場合、税制上の優遇措置がありますが、ＮＰＯ法人に寄附しても優遇措置はありません。ただ、ＮＰＯ法人になると、法人の名義で各種契約、財産所有、口座開設などができるので、個人に比べて社会的な活動がしやすくなります。

ＮＰＯ法人は理事会が中心となって運営されますが、私たちの場合は理事会の下に、運営委員会を設けました。ここでは、会員から選ばれた委員が学校事業以外の事業についての審議と決定を行います。一方、学校事業の方は、校長と学校スタッフで構成するスタッフ会議において協議し、運営することにしました。

スタッフを集める

学校を成り立たせるために必要なものは、建物、資金、生徒、スタッフ（職員）などがありますが、その中で最も重要なのはスタッフだと思います。よいスタッフに恵まれるかどうかが学校の将来を左右します。スタッフは、教え方がうまい人ではなくて、学校の教育理念をよく理解し、実践を通してそれを子どもたちに伝えられる人でなければなりません。

常勤スタッフの募集に当たっては、スタッフ選考委員会を設け、次のような条件を示しました。①子どもを尊重できる人、②この学校の教育理念・方針を実現しようとする意欲がある人、③小学校または中学校の教員免許を持っている人、または小・中学生の教育の経験が三年以上ある人、④リーダーシップがとれ、かつ協調性がある人。

会員の中から希望者を募り、元小学校の教員だった人を一名採用しましたが、常勤一人で運営していくのはとうてい無理なので、会員の中から複数の非常勤スタッフを募りました。また、会計などの事務を担当する事務スタッフも会員の中から募りました。

この学校を始めたときは、校長が一人、常勤スタッフが一人、非常勤スタッフが五人、事務スタッフ一人の体制でスタートしました。

教育方法を決める

教育理念を実現するために、どんな方法で教育を行うかはとても大事なことです。私たちの場合、教育方法研究会を設けて、国内外の教育法について研究しました。

シュタイナー教育のエポック授業や芸術的教育などには共感を覚えましたが、教師の権威が絶対的に尊重されるなど、私たちのイメージとは少し違いました。

サマーヒルやサドベリーのように子どもの自由を最大限に尊重する教育は、理想的な学び方だとは思いますが、全くカリキュラムなしで子どもが自主的に学習に取り組むのは、日本のように子どもの主体性が尊重されていない文化の中では難しいだろうと思いました。

最終的には、フレネ教育に行き着きました。子どもの興味関心を尊重しながらも、教師の働きかけや教育技術も必要だというフレネの考えに共感したからです。フレネ教育で行われる手仕事の教育や学習計画表による自主学習システムも魅力的でした。フランス人の思考や習慣と日本人のそれとの違いもあるので、フレネの教育技術をそのまま導入するのではなく、その精神を受け継ぐことにしました。

フレネ教育以外のものでも、いいと思うものはこの学校の教育の中に積極的に取り入れています。たとえば、イエナプラン教育で行われているワールド・オリエンテーションという探求型の学習プログラムなどがそうです。

施設を用意する

校舎は適当な建物を借りることにしました。二〇〇三年の四月から、会員で手分けして不動産屋を回って物件を探しましたが、庭付きの一戸建の家で、最寄り駅から歩いて来れるという条件にあう建物は、なかなか見つかりませんでした。

ある時、幼稚園で今は使っていない建物があるという情報を得て、そこを見に行きました。二クラス分の大きな部屋があり、南側に桜の木が植えられたいい感じの園庭や調理室もあるではありませんか。「わー、ここなら学校にちょうどいい！」と見に行った人たちはみんなそう思いました。その建物の管理者に会いに行き交渉しましたが、結局は貸してもらえませんでした。このように校舎になる建物を一生懸命に探しましたが、なかなか適当な物件が見つからずに十月になってしまいました。

そんなある日、会員の一人が箕面駅前の不動産屋で耳寄りの話を聞いてきました。庭付きの二階建で十二畳くらいの広間もあるというのです。全体で百㎡くらいの広さがあり、広間のほかに六畳くらいの部屋が四室と台所と風呂場がついていました。家賃は一カ月十三万円、礼金五十万円ということで高かったのですが、阪急箕面駅から徒歩十三分という立地条件や、近隣が静かな環境で住宅地だったこと、徒歩五分のところに大きな公園が二つもあり、市立図書館にも近いという立地条件のよさを考えて、ここを借りることにしました。校舎が決まったので、さっそく生徒募集に取りかかりました。

生徒を集める

初年度の募集定員は一年生から六年生まで（現在は五年生まで）の二十人。生徒募集のチラシを作って会員に配ってもらったり、幼稚園に置いてもらったりしました。また、私たちが主宰した土曜わくわくクラブやサマースクール、ウインタースクールに参加してくれた子どもたちの保護者にも渡しました。そのほか公民館を借りて学校説明会を開いたりしました。

そのかいあってか、土曜わくわくクラブに来ていた子やサマースクール、ウインタースクールに来た子たちの中から、七人が入学してくれました。この中には、家族で学校の近

くに引っ越してこられた方もありました。今思うと、このような全く未知数の学校に、よく子どもさんを来させてくださったなあと保護者の方の勇気には敬服します。最近は、学園のホームページで知って、遠方から見学に来られる方も多くなってきました。少しずつですが、子どもの自主性を尊重する教育を求めておられる方が増えているように感じます。

資金を集める

校舎だけでなく、学校を運営するためのお金も必要です。開校する前の年に集めたお金は約五五〇万円でした。NPO法人の会費、箕面市からもらった市民団体立ち上げのための助成金、寄附金、それに初年度第一期分の授業料などが主なものです。これから建物の礼金や家賃、光熱費や備品購入費、事務用品や消耗品などの費用を差引くと、開校した時には三〇〇万円ほどの資金が手元にありました。

学校事業の主な収入源は授業料や入学金などの学費ですが、これは生徒数に応じて変わります。この学校の場合、生徒数が十人だと四五六万円の収入が見込めます。開校して二年目の収入は七二〇万円でしたが、そのうち学校事業による収入は約四五〇万円。一方、支出は七六〇万円で、そのうち学校運営に関する支出は五九〇万円でした。学校事業だけで収支のバランスをとるのは難しいことです。他に収入の道を求めなければなりませんが、助成金は毎年獲得できるものではないので、安定した収入を得るには、会費や寄附金などを集める必要があります。そのためにも、学校の支援者を増やすための努力が欠かせません。

制度上の問題をクリアする

私たちの学校は、学校教育法第一条で定められた正規の学校ではありませんが、文部科学省の通達では、学籍は地元の公立校に置いたままでフリースクールなどの民間の教育施設に通学することが認められています（民間の教育施設への通学定期の証明書の発行や出席日数をカウントして学籍簿に載せることができる）。この学校に来ている子は、保護者の方と校長先生との話し合いでこの学校に来ることが認められています。まれに保護者に対して、公立校への登校を促す書面を送ってくる教育委員会もありますが、これまでのところはすべての子が卒業認定されています。このように、二重学籍の問題は実際上問題になることはないのですが、無認可の学校に通う子や保護者にとって心理的に大きな負担を与えるものです。今後、私たちが解決しなければならない課題の一つです。

コラム3——世界の自由教育

十九世紀の半ばのデンマークで、クリステン・コルという人が、思想家グルントヴィの教育思想のもとに、フリースコーレという子どもの個性を尊重し、歌や物語、対話を通して想像力を育む学校をつくりました。当時の学校では一般的であった体罰や試験がない、小規模で家庭的な学校でした。このコルのフリースコーレをモデルにして、親たちによる小さなフリースコーレが各地につくられていきました。その後、フリースコーレ法ができて親たちの教育権が確立すると、フリースコーレにも国から補助金がでるようになりました。今では、学齢期の子どもの十二％がフリースコーレで学んでいます。

十九世紀末から二十世紀の初めにかけて、ヨーロッパでは新教育運動とよばれる教育刷新の運動がありました。それは、児童中心主義を掲げ、知識を教え込むのではなくて、創造的な自己表現と子どもの最大限の成長を目標としたものでした。その影響のもと、各国に子どもの個性を尊重する自由な学校がたくさん生まれました。それらの中で、シュタイナー学校（自由

サドベリーバレー・スクール

ヴァルドルフ学校）、サマーヒル・スクール、フレネ学校、イエナプラン学校などは今日まで残っており、現代の自由教育運動に大きな影響を及ぼしています。

二十世紀初めの頃、アメリカでは、ジョン・デューイのシカゴ大学付属の実験学校を中心に進歩主義教育運動が起こり、アメリカの公立学校の教育にも大きな影響を与えましたが、一九三〇年代の終わり頃からその影響力を失いました。

一九六〇年代後半から一九七〇年代にかけて、ヨーロッパやアメリカで生まれたフリースクールは、既存の学校教育とは違うもう一つの教育（オルタナティブ教育）を発展させようという教育改革運動から生まれた学校です。既存の学校の枠の中で子どもの自由と人間性を尊重するフリースクール、学校制度の枠の外で教育するフリースクール、さらに、既存の学校の解体を主張する学習センターなどがあります。その後、フリースクール運動は下火になりましたが、クロンララ・スクール、グラスルーツ・フリースクール、サドベリーバレー・スクールといった草分けのフリースクールは、今なお健在です。

アメリカの全州、デンマークやオーストラリアなどいくつかの国では、学校でなく家庭で親が子どもを教育することが公に認められており、それはホームスクーリング（ホームエデュケーション）とよばれています。今日、アメリカでホームスクーリングで学んでいる子どもたちは一三〇万人から一七〇万人ともいわれ、ホームスクーリングに関する手引書や情報も豊富にあり、それを支援する教育組織もできています。

第4章 教育から社会を変える

一人の子どもと教師、
一冊の本と一本のペンが
世界を変えるのです。
教育こそが唯一の解決策。
教育を最優先しよう。

——マララ・ユスフザイ
（国連で演説したパキスタン人少女）

災害や戦争に脅かされることなく、自然と調和し、心身ともに健康な生活がおくれる持続可能な社会にしていきたいというのは、私たちの願いです。そのためには、これまでの「国家や産業社会に役立つ人材を育成する」教育から、「自他の生命を尊重し、平和を愛し、自由と協同の精神をもった民主的な人間を育てる」教育へと変えていく必要があります。

では、そのような教育は、どうすれば実現できるのでしょうか？　今の学校教育の中でも、人権・自由・平和を尊重する民主主義の理念や持続可能な社会の重要性は教えられてきています。けれども、その教育を受けた人たちがこのことを実践しているとは言いがたいのはなぜでしょうか？　それは、教えられたのはその概念や知識だけであって、それを実際の生活の中で生かす機会が与えられていなかったからです。それを身につけるには、日常生活の中で経験を積むしかありません。民主的で持続可能なライフスタイルを実践する人が身近にいること、そしてそれを実践できる環境があることがその条件になります。そうなれば、子どもたちは日々の生活の中で、経験を通して学んでいくでしょう。

教育って何？

教育では、人間はすべてそれぞれに「善く生きよう」としていることを、まず認められなければならない。教育は相手を人間として「善く」しようとする働きかけである。

――村井 実

学校というところ

学校というところは、子どもたちが人格を向上させ、自立して生活を営むのに必要な知識・技能を身につけ、社会性を養うところと考えられています。ところが、いまの学校教育は「知識・技能の習得」に偏っています。というのも、子どもたちの前途には高校や大学に入る時に競争的な入学試験が待ち受けているからです。しかし、市民社会が成熟した国では、高校や大学の入学試験はなく、中学校や高校の卒業資格があるか、全国統一の卒業資格試験に合格すれば、たいてい希望する学校に入学できます。そのような制度のない日本や韓国などの東アジアの国々では、どうしてもランクの高い学校に入るための激しい

受験競争が起こってしまいます。そして、そのことが学習の目標や動機づけとなってしまうため、教育の本来の姿を大きくゆがめているのです。

幼児や小学生などの時期の教育は、「人格を向上させる」ことや「社会性を養う」ことを中心的になされるべきでしょう。「人格の向上」の核心は、子どもの自己肯定感と有能感を育てることです。それらがしっかり育っているか、そうでないかの違いが、「知識・技能の習得」や、「社会性の養成」に大きな影響を及ぼします。愛の欲求や自尊の欲求[*4]が満たされている子は不安や恐れが少ないため、認知の欲求や創造の欲求が現れやすくなるからです。

「社会性を養う」ことの核心は、周りの人たちと親和的な関係を結べることと、所属する共同体の一員として効果的にふるまえることです。これは、将来、民主的な社会の担い手、よき市民であるためには欠かせない資質といえるでしょう。

この二つのことがしっかり身についていると、「知識・技能の習得」が容易になります。「知りたい」、「できるようになりたい」といった子どもの知的、創造的欲求が素直に現れるので、学ぶことは苦しいことではなく、むしろ楽しいものになります。子どもの知育に関心の高い今日、遠回りのようですが、それが子どもの知性と創造性を伸ばす最も確かなやり方だと思います。

十数年前のことですが、北欧の国々の中でも最も幸福度が高いといわれるデンマークのフリースコーレとよばれる自由な教育をする学校を見学する機会がありました。訪問したあるフリースコーレは全校生徒一二六人といった小規模な学校でしたが、子どもたちは生き生きとして、とてもチャーミングでした。

そこの校長先生に、「民主的な教育における教師の役割とは何ですか？」とお聞きしたところ、「子どもたちがつねにハッピーであることが何よりも大切であり、教師は子どもたちがそのような状態にあるように配慮しなければならない」、「授業が始まる前に子どもたちの声を聞くことが大事だ」、そして「子どもたちが自由を感じることが大切だが、たんに一人の生徒の自由だけでなく、全員が自由でなければならない」とおっしゃいました。その学校の子どもたちの生き生きとした表情や態度に、先生と生徒たちとの間のゆったりした信頼関係が反映されているように感じられました。

私たちも学校の子どもと接するとき、その子が今、心理的にどんな状態であるかに気をつけています。朝、学校に来たとき、元気がない子や疲れた表情の子を見ると、さりげな

＊4――人間性心理学のアブラハム・マズローの唱える「欲求五段階説」によると、人間には、生理的欲求、安全欲求、愛と所属の欲求、自尊と承認の欲求、自己実現の欲求があり、低次の欲求が満たされると、そのすぐ上の欲求が現れるという。

く体の状態や家での様子を聞くようにしています。学校は、子ども同士や子どもと大人の信頼関係が十分にできていて、子どもが安心して自分を出せる場でなければなりません。みんなと居ることが楽しくて、学ぶことが楽しい、そんな学校を私たちは目指しています。

タテ糸とヨコ糸の教育論

フレネ教育の創始者セレスタン・フレネは、「子どもは自分が役立ち、自分に役立ってくれる理性的共同体の内部で、自己の人格を最大限に発展させる」と言っています。そのためにフレネは、子どもたちの仕事（＝学習）を基礎とした「個性化」と「協同化」の二つの原理による教育を提唱し実践したのです。

この個性化と協同化の二つのことを、タテ糸とヨコ糸として考えてみたいと思います。タテ糸は「個性化」で、自分の仕事（＝学習）を果たすことによって自己肯定感と有能感を育てること。ヨコ糸は「協同化」で、協力して行動することによって共同体の一員として人間的に成長することを指しています。一枚の布はタテ糸とヨコ糸を織り合わせてできていますが、タテ糸が強すぎてもヨコ糸が強すぎてもよい織物とはなりません。それと同じで、両方の糸をバランスよく織り上げるのがよい教育だと思います。

箕面こどもの森学園のタテ糸の教育は、子どもの個性の違いを認め、それぞれの子が最も関心のある仕事（＝学習）に積極的に取り組めるように配慮しています。子ども（大人もそうですが）は自分が関心のある仕事には時間を忘れてしまうほど集中しますが、むりやりやらされた仕事は捗らないか、雑な仕上がりになってしまいます。人に「子どもの教育では自分の納得のいく仕事や方法が選べることがとても大切です」と言うと、「好きなことだけやっていては、必要な学力が身につかないのではないか」といった反論を受けます。しかし、今その子が興味をもっていることをさせることが最も学力をつける早道です。今やりたいことをやらせないと、やる気をなくしてしまいますし、後でやらせようとしても、もうそのときはすでに興味を失っているかもしれません。

「嫌いでも今やっておかなければならないこともあるだろう」という反論も受けます。しかし、子どもにむりやりにやらせても、それによってますます学習が嫌いになってしまっては元も子もなくしてしまいます。そして、子どもがいったん苦手意識をもってしまうと自信をなくしたり、劣等感を持ったりするので、学習が遅滞するばかりでなく、精神的な面にも悪い影響を及ぼします。アルフレッド・アドラー[*5]は「学習上の失敗より、むしろ心理的な失敗こそが重要である。勇気をなくし始めた子どもは有用な道とあたりまえの仕事を避け始め、自由と安易な成功への道を探求するようになる」と言っています。ですから、

＊5——個人心理学（アドラー心理学）の創始者。「劣等コンプレックス」や「力への欲求」といった学説で有名。子どもの教育についても重要な心理学的な貢献をしている。

今はやらなくても自分が必要と感じたときにやれば取り戻せると大人が腹をくくって、無理強いせずにそれが必要と思える時期が来るまで待った方が結果はいいと思います。

といっても、子どもがやる気を出すまで何も働きかけをしなくてよいというわけではありません。子どもが興味を持ってやれそうな方法を工夫したり、その環境を整えることは親や教師の大事な務めです。生活の中に音楽がいつもある家庭で育つと音楽好きの子どもになるように、いつも身近に感じていれば、それが示されたとき子どもは自然に受け入れるでしょう。

ヨコ糸の教育で大切なことは、子ども（実は大人も）はつねに自分の居場所を求めているということです。アドラーは、「すべての行動は目的的である。そして、その行動はつねにその人の居場所を見つけることに向けられている」と言っています。

心理的に健康な子どもは、自分の居場所を得るため協同活動を通して所属する共同体の一員として責任を担ったり、全体に貢献しようとします。しかし、なかには間違った目標設定によって問題行動を起こす子もいますが、アドラーは、彼の間違った行動を批判するのではなくて、むしろ、勇気づけること（エンカレッジメント）が必要だと言っています。周りの大人や子どもたちがその子のよいところを認めてやり、その子の共同体への貢献に感謝するようになると自然に改まっていきます。それは、彼が「自分が役立ち、自分に役立ってくれる理性的共同体」を見つけたからなのでしょう。

持続可能な未来のための教育

この地球というものは、あなたのものであり、私のものである。
つまり、私たちみんなのものなのです。
私たちはそこで共に暮らしていかなければなりません。

――クリシュナムルティ

自然から学ぶ――空から蝶をよぶ場所づくり

私たちの周りには、木や草や葉っぱや土や水や空やいろんな生き物が息づいています。子どもたちには、その取り巻く環境を友だちにして、自然から学びながら育っていってほしいものです。この学校には、「しぜん（＝野外活動）」や「空から蝶をよぶ場所づくり」など、自然から学ぶ時間があります。

「空から蝶をよぶ場所づくり」というのは、自然調査を専門にされていたミッチーさん（道端慶太郎さん）が、自然の大切さや魅力、環境保全の視点を伝えるために考えた環境教育

プロジェクトで作ったビオトープの池

プログラムです。

最近のガーデニングブームで、色とりどりのきれいなお庭のお宅が増えてきました。花を植えるとき、私たちは人間の目線で庭やプランターに植えたい花を植えています。見た目にきれいという理由で外国の花なども植えていますが、ともすればもともとの自然を壊してしまっている一面もあります。人間の目線ではなく、蝶の側から考え、蝶が飛んでくる植物を植えることで、庭をもともと地域がもつ自然環境に合わせたものにしていく活動を通して、自然と触れ合い、環境について考えるプログラムがこの「空から蝶をよぶ場所づくり」です。

「まずは、調査に行くよ。周りにいない蝶はよべないからね。この周りにどんな蝶がいるのか調べに行こう」とミッチーさん。

初めに、学校の近くの公園にどんな蝶がいるのか調査に出かけました。公園につくと、グループごとに、網や虫かごをもって蝶を探します。蝶を発見すると、網をもっている子は猛ダッシュ！　公園の起伏でころんでもすぐに立ち上がり、網に入れるまで走り続け、ズボンが土で汚れてもおかまいなしです。

「やった！　つかまえた！」、「見て見て！」、「これは、何って名前？」、「これは？」

子どもたちは蝶を捕まえると、網を押さえてミッチーさんのもとへ駆け寄ります。

「おお〜。それは、ツバメシジミ。羽の先がツバメのしっぽみたいになってるよね」

「それは、ヒメウラナミジャノメ。羽の裏がなみなみで蛇の目っていう模様になってるから」

「これは、テングチョウ。顔の先がテングの鼻みたいに見えるから」

ミッチーさんが即座に解説をしてくれます。

「へえ〜、そうなんや〜」

「あ〜、ほんまや、そう見える」

子どもたちも日ごろはゆっくり目にしたことのない蝶の羽をじっくり見ていました。

調査が終わると、学校に戻り、調査結果をグループごとに記録します。蝶の種類、蝶の数、蝶を見つけた場所をまとめ、自分たちのグループが学校の校庭にどんな蝶をよぶのかを決めました。

一か月後、よびたい蝶に合わせて、ミッチーさんがそれぞれの蝶が卵を産む草木を用意して持ってきてくれました。

「ベニシジミは、スイバ。酸っぱい葉やから食べるとすっぱいで。アゲハは、カラスザンショウ。キチョウは、ネムノキとサイカチを植えるで」

ミッチーさんから、草木の特徴や植えるときのポイントなどを教えてもらった後、木の

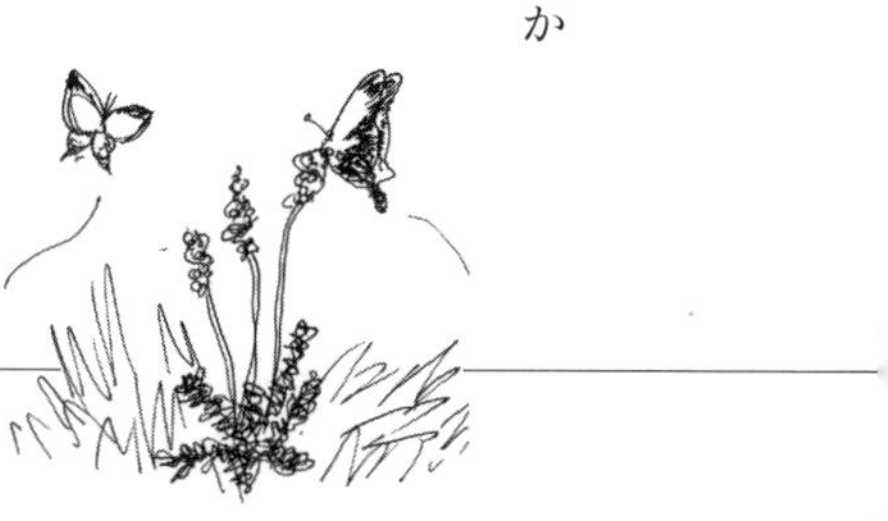

枠を置いて、それぞれのグループで植える場所を決め耕しました。草や苗木を植えて、これから、植物の成長を見ながら、蝶が来る様子を観察していくことになります。

「蝶、飛んでくるかな～」

「あ、蝶々飛んできてる！　あれは、モンシロチョウや！」

子どもたちも、蝶が飛んでくることをとても楽しみにしています。

「しぜん」や「空から蝶をよぶ場所づくり」の学習を通して、「季節を感じること」、「身近な自然に目を向け、愛着を持つこと」、「それを誰かにそっと伝えること」、「仲間を思いやること」が、子どもたちの中に少しずつ育まれていっています。こういう経験の一つひとつが、自然と共存していくことの大切さを考えていく力になっていくことでしょう。

地域の活動から学ぶ――菜の花プロジェクト

箕面市内に循環型社会の重要性を考える「菜の花プロジェクト」という活動を推進している団体があります。その団体の方から、「学校で菜の花を植えませんか？」というお話がありました。菜の花を植えて、菜種油と油粕をとり、また菜の花を育てることで循環型社会の大切さを学べるので、子どもたちの学習の一環として参加することにしました。

　十月に菜の花プロジェクトの活動についてスライドで紹介していただいた後、種まきをしました。種床を作り、種をまき、土を薄くかぶせた後、足でどんどん踏み固めたのには驚きました。そうしないと根がしっかり張れないそうです。

「三日後には芽がでていると思いますよ。上手に育てたら、みんなの背の高さぐらいになりますからね」

　三日後、教えてもらった通り、たくさんの芽が出て、すくすく育っていきました。二十センチぐらいの大きさになり、苗の植え替えをしました。土を耕すと、子どもたちが土づくりのためにとってきた大きなミミズ（四十匹ぐらい）も元気に生きていました。菜の花プロジェクトのみなさんにも、「これは、いいね～」と言われました。

「ここは、きっといい菜の花が育ちますよ。どんな菜の花が育つかは、ほぼ苗で決まるんです。ここの苗はすごく元気がいいからまず間違いないです」と言われ、子どもたちも喜んでいました。

　種から育てた菜の花もすっかり大きくなって、蕾《つぼみ》もたくさんついてきました。菜の花プロジェクトのみなさんから「ここの菜の花は一番よく育っている！」と太鼓判を押されているので、子どもたちも菜の花の成長を楽しみにしています。

　朝早く登校した男の子が、「菜の花の上の水滴が凍っているのに、葉っぱは青々として

元気だからすごい！」ということに気がつきました。そのお話をメンバーの方にすると、「冬の植物は、寒さに耐えるために、糖分という甘みをたくさん蓄えてるんだよ。普通の水とはちみつを少し入れた水を冷凍庫で凍らせたら、はちみつが入ってる水は凍るのが遅いんだよ。菜の花の葉っぱは、糖分がいっぱいあるから水滴が凍っても元気なんだよ」と教えてもらいました。

「へえ〜。菜の花ってすごいよな〜」子どもたちも、とても感心していました。

四月になると、子どもたちの背丈ほどの菜の花が満開になりました。その花がすっかり種になった頃、刈り取りをし、それを一カ月ほど乾かしました。その次は脱穀です。乾燥した菜種を竹でバンバンたたいて、種を落としていきました。結構大変な作業で、手に豆ができた子が何人もいたほどでした。竹でたたくと、茎から種とさやが外れます。続いて、大きなザルで、種とさやをふりわけ、ゴミを取り除いていき、最後にうちわで扇いで種だけにしました。この作業も結構大変で、みんなさやの粉だらけになりました。こうやって集めた菜種は、なんと四キロ近くもあり、菜の花プロジェクトのみなさんも驚かれていました。

いよいよ、搾油《さくゆ》する日がやってきました。借りてきた電動の搾油機を使います。百グラムずつ量り、電子レンジで二分あたため、機械に入れると、濃い深緑色の菜種油と菜種カスにわかれて出てきます。

「おお！　すごーい」

「出てきた！　出てきた！」

辺りに菜の花オイルの香りが漂い出し、ポタポタ落ちる油を、子どもたちもうれしそうに見ていました。

四キロの菜種から、五〇〇ccの油をとることができました。搾りたてをそのままいただくと一番風味がわかるということで、作業が一段落した後、みんなでパンにつけて味わいました。

「ちょっと苦いけど、おいしい！」

「菜の花の味がする！」


子どもたちにも大好評でした。

菜の花プロジェクトの活動を通して、子どもたちも、いろんなことを感じ、いろんなことを学ぶことができました。子どもたちはこの体験が好きで、活動している大人たちといろんなお話をしたり、教えてもらうのも好きでした。地味だけど意味のある活動が伝えるメッセージを、子どもたちは理屈ではなく肌で感じたようです。

学校を地域に開く

「学校をいろんな人に知ってもらうためにどうしたらいいかな～」
「知ってもらうだけじゃなくて、そこから協力してくれる人を見つけたいですよね」
「ここに関心のある人を巻き込んでいったらいいんじゃない」

これは、箕面こどもの森学園の運営委員会での会話です。

私たちの学校は、正規の学校としては認められていないので公的助成を受けることができません。運営費はすべて自分たちで捻出しなければならないため、資金不足のところがほとんどです。それをさまざまな人の思いや関わりといったマンパワーで補っていくことがとても大切になってきます。また、子どもたちの教育という本来の活動のほかに、地域で私たちの活動を理解してくれる人や関わってくれる人たちとつながっていくという活動も重要です。その二つの活動が両輪となって、学校づくりを進めていくことができるのです。後者の活動は「学校を地域に開く」ということでもありますが、いま私たちが取り組んでいる地域での活動をいくつか紹介します。

〈教育カフェマラソン〉

「まちづくりをしてたとき、有志が五人集まって、それぞれが話を聞きたい人を二十人よんでくる。それで、百人の人の話を聞こうっていう会やったことあるんよね」と、大阪市生野《いくの》のまちづくりに関わられた方が、ご自分の経験を話してくれたことがありました。

「それって、おもしろそう。その参加者でフェイスブックのグループを作っていったらどうかな?」

「百人よぶってことは、百回やるってことやから、無理なくやれる形がいいですよね」

このことについて話し合いを重ね、参加費は五百円(飲物・お菓子付き)。六人以上で開催。話題提供者の謝礼はどなたにも三千円でお願いするということを決め、実行委員を募り、「教育カフェマラソン」と名づけた活動がスタートしました。

ヨーロッパなど市民社会が成熟した国では、カフェで気軽にいろんな話題について議論する熟議の文化があるそうです。答えはすぐには出ないけど、いろんな人が「あーでもない。こーでもない」と話し合うことで人と人がつながったり、新しい試みが生まれたりして、社会を豊かにしていっているのです。そういう集まりをイメージして、月一回のペースで教育カフェ(語り場)を開くことになりました。教育やまちづくりに関心のある人が、毎回三十人くらい集まっています。

教育カフェでは、話題提供者の方に四十分程度お話しいただいた後、グループに分かれてお茶を飲みながら自分の感想や考えていることを述べ合い、最後にグループでの話し合いのシェアをしています。この趣旨に賛同してくださり、社会活動家の湯浅誠さん、元文部科学省官僚の寺脇研さんなど、いろんな方が話題提供を引き受けてくださいました。

教育カフェマラソンは、いろんな立場の人がいろんな視点から意見を出し合い、問い続けることと人とつながることを大切にしています。

〈哲学キャンプ〉

集まって・泊まって・語り明かして・哲学するという「哲学キャンプ」を毎年、八月に開いてます。「哲学」といってもそんなに難しいものではありません。「少人数のグループに分かれて、与えられたテーマについて話をする」というものです。箕面こどもの森学園では、二カ月に一回、「ことば共同」の時間に、子どもたちが「哲学」をやっています。その哲学を、泊りがけで大人たちもやってみようという企画です。

やる上で大切なことは「前提を疑ってみる」、「問うことを面白がる」こと。正解や不正解はありません。最初に話題提供者の話があり、その後、グループに分かれて哲学します。

前回の哲学キャンプでは、「社会カフェ」、「哲学カフェ」、「科学カフェ」の三つのカフェを開きました。「社会カフェ」のテーマは、「今はどういう時代なのか」でした。話題提供者からさまざまな社会システムの変化についての説明があり、「これからは狭い民族主義や国家主義の教育を乗り超えて、世界市民としてのアイデンティティが必要である」というお話でした。

そして、「世界はどう変わっていくのか」、「その世界で求められる教育とは」ということについてグループに分かれて話し合いました。参加者には大学生や社会人が多かったのですが、中学生も混じっていて、世代も背景も異なる人たちが対等な立場で話し合うという貴重で楽しい経験をしました。

夜は、手作りのおいしいタイカレーや地ビールを片手におしゃべりに花が咲き、夜遅くまで談笑する声が絶えませんでした。

〈ロハスフェスタ〉

「こどもの森でもロハスフェスタ[*6]やったらいいんじゃないかと思うんだけど……」

万博公園で行われるロハスフェスタに参加したメンバーが言い出しました。

「おもしろそう！」

「ロハスに興味のある人たちだったら、学校にも興味をもってくれるんじゃない？」

「いろんなつながりもできるし、地域の人にも気軽に来てもらえますよね」

こうして、「ロハスinこどもの森」という活動が始まりました。

「お子さんも多いから、今年はもちつきをやろうと思います！」

＊6――ロハスフェスタとは健康や環境に配慮した商品や手作り品のお店が集まって開かれるお祭りのこと。ロハスはLohas（Lifestyles of health and sastainability）から来た言葉。

紙芝居屋さんもやってくるロハスフェスタ

毎年、有機野菜販売だけでなく、焼き肉、コロッケ、ソーセージなど、いろんな企画をしてくださる産直のお店。いつも大人気のモンゴルパンのお店。フェアトレード商品を販売するお店、玄米パイなど自然食ランチのお店、ねんどの基礎化粧品のお店など珍しいお店が出店するので、これらのお店を目当てに近所の方がたくさん来てくれます。

トトントントン、トトントトン。「ええ～、紙芝居が始まるよ！」太鼓の音と、威勢のいいだみ声で人気なのは、昔ながらの紙芝居屋さん。いつも、子どもたちだけでなく、大人もくぎ付けです。この他にも、手作り楽器、折り紙教室、炭火でのパン焼きコーナーなど、親子連れの方に人気のコーナーもあります。

いろんなお店や市民団体の方とのつながりやご近所の方との出会いを楽しみ、ロハスフェスタを通して、広く地域に開かれた学校でありたいと思っています。

子どもたちに希望ある未来を

一人ひとりの行動が社会を変える

今の時代、この国で子育てをしていると、次々といろんな問題にぶつかります。たとえば、子どもを保育園に入れたくても、入園待ちがいっぱいでなかなか入れません。幼稚園では早期教育が花盛りで、小さな子どもたちは英語に体操、お勉強と忙しく、自然と親しんだり子どもらしい遊びを体験する機会が少なくなります。そして、子どもが小学校に入ると、決められた時間割に従って決められたとおりの勉強をすることになり、放課後は習い事や塾通いで、ようやく遊べる時間になるとやるのはゲーム。中学になると、厳しい校則や教師の指導でますます管理され、テストの点数で評価されるようになります。抑圧された子どもたちの世界にはいじめが起こります。そして、高校を受験するときには偏差値で振り分けられる子どもたち。しかし、せっかく入学したものの学校になじめず、中退する子どもも出てきます。そして大学受験という壁、さらに就職活動という大きな壁にぶつかります。今はそんな時代になってしまいました。

だからといってどうしようもないと嘆いていても現実は変わりません。私たちには、ものごとを変えていく力があります。大きな問題に取り組むのは簡単ではありませんが、目の前の小さなことからなら、自分ひとりの力でも十分変えていくことができるのです。たとえば、小さな子どもを休みの日に山や海へ連れて行き、自然の中で思い切り遊ばせる。

「勉強しなさい」と言うのをやめる。学校で十分管理されているので、せめて家庭では自分のことは自分で考えて行動できるようにする。これならできそうではありませんか？

湯浅誠[*7]さんが教育カフェマラソンに話題提供者として来られたことがあります。このとき「民主主義と教育」というテーマでお話しされたのですが、私たち一人ひとりのあり方が社会を変えていくのだと気づかせてくれるものでした。

たとえば、いじめ。誰かがいじめられているのを見たとき、大多数の傍観者は、自分は何もできないという居心地の悪さをなんとかしたいという心のざわめきを感じます。そして、「あの子の笑い方が気持ち悪いからいじめられるんだ」と、原因をいじめられている子に求めます。すると心に整理がつくのですっきりします。その子の問題であって、私の問題でない。そう整理するのです。

ホームレスを見たときも同じような心理状態になります。初めて見たときは心がざわつきます。この人に何かできることはないだろうかと。しかし、だんだん慣れてくると、何らかの理由を探して心を整理するようになります。これは、「何かできることはないか？」という気持ちと「何かあった時自分に責任が来るのは困る」という相反する気持ちに耐えられなくなるからなのです。

このように、自分の中の相反する気持ちに耐えられず、自分の外にその原因を見つけ心

を整理することは、すなわち、自分と違う価値観の人を受け入れられないということなのだと、湯浅さんはおっしゃいました。この心のざわざわ感にしっかり耳を傾け、人のせい、まわりのせいにするのでなく、自分に何ができるか、何をすればいいかと考えること。それは自分を変えることであり、ひいては周りを変えていくことにつながるのです。

スティーブン・コヴィー[*8]は、『7つの習慣』という本の中で、「主体的に生きること」や「原則に従って生きること」の重要性を説いています。「主体的に生きる」とは、ものごとが起きた時にどう行動するかを自分で選択し、その結果の責任を持つということです。行動を選択する際は、自分の外に原因を求めません。自分はどうなのか、どうすればいいかを考えるのです。変えられるのは自分だけ。自分を変えれば人も環境も変わってくるのです。「原則に従って生きる」とは、だれもが持っている心の中にある生き方の原則のことで、「公正」、「誠実」、「貢献」などといった時代を超えた普遍的な倫理です。原則とは、良心から発せられるものといってもいいでしょう。コヴィーは、これらの人間のもつ倫理感を

＊7――社会活動家。自立生活サポートセンター・もやい事務局長、反貧困ネットワーク事務局長。元内閣府参与（緊急雇用対策本部貧困・困窮者支援チーム事務局長）。

＊8――アメリカの経営管理の研究者で経営コンサルタント。『7つの習慣　成功には原則があった！』の著者で、世界で最も大きな影響力を持つビジネスの思想家と言われた。

中心に据えて生活することを原則中心（principle-centered）の生き方と呼んでいます。彼は、原則中心の生き方が、家庭で、学校で、また職場での成功（良い結果）をもたらした豊富な例を挙げています。そして、彼は「原則中心の生活が、永続的に私的な、公的な成功をもたらす唯一の道だ」と言っています。

心にざわめきを感じたとき、原則に立ち戻り、自分がどうすればいいか自分で決めて行動し、その結果を引き受ける。一人ひとりがこうして主体的に生きることを選んでいくことにより、少しずつ社会を変えていくことになるのではないでしょうか。どこからかヒーローがやって来て、問題を解決してくれるわけではありません。私たち一人ひとりが自分の手でつかみ取るものなのです。それは大人はもちろん、未来を担う子どもたちも同じです。自分たちがそのモデルとなる努力を続けながら、子どもたちがそのような生き方を身につけられるよう最大限の支援をしていこうと思います。それが、私たちの使命だと思っています。

対話の文化を育てよう

同じ国に住み、同じような教育を受けた人たちであっても、それぞれ異なった価値観をもち、何か問題が起こったときに異なった反応をするのが普通です。家庭や職場において問題が起きたときに解決策を決めることの難しさはだれしも経験があることでしょう。ましてや、違う価値観をもった集団との間で深刻な対立が起こったとき、どうすれば合意に達することができるのでしょうか？

　問題解決のためにとられる方法には、大きく分けて四つの方法があります。力によるもの、権威・権力によるもの、法によるもの、そして話し合いによるものです。

　力による方法は、武力や軍事力によって問題を解決するもので、この場合は当然、力が強い方が勝ちますが、大きな犠牲を伴い、いつかはより力の強いものが現れるので、成果は長続きしません。また、カリスマ的指導者や独裁者といった権威・権力によって物事が決められたり、裁かれたりする方法は、その指導者がいなくなると往々にして混乱が生じ、これもまた成果が長続きしないものです。

　近代国家では、力や権威ではなく法による解決法がとられています。社会的問題は法律に基づいて解決されるし、政治的問題は選挙で選ばれた政治家が問題解決にあたります。このように私たちは自分の考えや望みを間接的に政治や行政に反映できる代議制民主主義の仕組みを持ってはいるのですが、それがうまく機能していないのが実情だと思います。

　私たちは一人ひとり価値観や感じ方が違います。価値観の違う人と出会ったりぶつかったりしたとき、人は心の中がざわざわします。そのとき、多くの人が自分の考えや感じ方こそが正しい、相手の言い分が間違っていると思いがちです。けれども、それに固執していたのではただの自己主張であって、民主的なやり方とは言えません。相手の意見にも耳

を傾け、お互いに納得できる合意点を見出していくこと、このことが民主的な社会を実現していくために大切なことです。

立場や利害関係の異なる人同士の対話はなかなか難しいのですが、お互いの間に信頼関係ができていると、話し合いがやりやすくなります。コヴィーは、相手に対する深い理解と誠実さが良い人間関係を築くために必要だと言っています。また、人と交渉するときは、自分の利益だけを考えるのではなくて、相手の利益もまた同時に考えること、すなわち、どちらもが勝者になるWin-Winの関係をつくることが根本的な問題の解決につながり、長期に安定した関係を保つことができると言っています。力や権威に頼る方法は一方が勝ち、一方が負けるWin-Loseという結果が生じるので、負けた方に恨みや妬みが残るか、あるいは敗北感、無力感を持たせてしまうので、長期的に安定した成果は得られません。

最近、熟議とか白熱教室といわれるような対話型の議論形式が盛んになっていますが、自分と違った意見の人の話に耳を傾け、相手の言い分を共感的に聴くことが大切です。そのことによってお互いに信頼しあえるようになり、その結果、どちらにとっても利益のある納得できるWin-Winの解決案を見つけることができるでしょう。このやり方をこの学校では「勝負なし法」と呼んでいますが、何か問題が起きた時、時間をかけて話し合うことによって、お互いの気持ちや立場が分かり、みんなが納得できる解決策を見出しています。次のエピソードは、この学校の子どもたちが話し合いで問題を解決した例です。

ミュージカルをやっていて、ダンスや歌のレッスンも受けている女の子がいました。その子が中心になり、「ロングＩＤ」というダンスと歌のクラブができました。できた当初は、「おもしろそう～」ということで数人の女の子がそのクラブに入部しました。ところが、やっていくうちにいろんな問題が出てきました。中心になっている女の子は、初めてダンスを踊る他のメンバーの子たちのやり方をもどかしいと感じ出しました。一方で、他の子たちは、その子のやり方が難しかったり、説明がわからなかったりして、やりにくさを感じていました。ときには、泣いたり怒ったりしながら、何回も話し合いが行われました。

最終的に、子どもたちは、全員で踊るのではなく、一人ひとりがこれなら関われるという方法を自分で考えて選び、その人が選んだ方法を他の人は尊重するという解決策を自分たちで見出しました。このように話し合いを大切にし、自分と違う意見の人を尊重していく子どもたちの姿にとても感心しました。

民主的で持続可能な社会へ向かって

今の社会では、政治や経済の影響力が強く、教育はそれらに従っているように見えます。「受験競争」という言葉があるように、教育の目的が「競争社会に適応できる人材の育成」

に偏っている傾向があります。子どもたちは、「お受験」の名のもと、小学生の頃から有名中学・高校へ進学する力をつけることを求められています。受験競争の最終段階は大学受験です。よい大学に入ればよい就職ができると、未だに多くの人が信じています。しかし、最近ではそれさえも保障されなくなっており、何か資格を持っていると就職に有利だからと、専門学校に通う大学生も少なくありません。こうして受験産業と資格産業は栄え、教育が衰退しているのが現実です。

最近では、子どもの貧困問題、格差問題が取り上げられることも増えてきました。そして、これらの現実が多くの子どもたちを苦しめ、生の喜びを奪っているのです。なんとかこの流れを変えなければなりません。教育カフェマラソンで湯浅誠さんが、民主主義の教育について次のようなことを言われました。

民主主義は素晴らしいとは軽々しくは言えない。たとえば、五十一人が賛成で決めたことは、反対する四十九人の意見を無視することになる。負けた四十九人にとって不幸であるばかりでなく、勝った方の五十一人にとっても意見の違う人たちの意見を取り込めなかったという不幸がある。それをどちらもが納得できるように調整するのが本当の民主主義のやり方なのだが、それはめんどくさくって疲れるものである。したがって、だれもやろうとはしない。民主主義の教育の目的は、意見の異なった人との感情や利害の調整をやる、という地味でめんどくさい仕事をあえて引き受ける人を育てることであり、そういう人が価値ある人であると認められるような社会をつくることである。

このような本当の民主主義が実現できる社会をつくるために、教育には何ができるのでしょうか？　社会を変える手段として教育が有効なのでしょうか？　これらのことを考えていくと、先に述べた二つのことがその答えとなるように思います。

一つは、人々が「自己中心的な生き方」から「原則中心的な生き方」へと切り替えること。もう一つは、お互いを尊重し、対話によって問題を解決するという民主的なコミュニケーションのスキルを身につけることです。

これらを人々が生活の中で実行できるように支援することが、これからの教育が果たさなければならない重要な役割だと思います。このような理想を実現する道は、現状では厳しいものがあります。しかし、だれかがやらなければ何も始まりません。まずは、そのことを強く願う人たちが始めるしかないのです。そんなとき、イエナプラン教育の創始者ペーターセンの次の言葉[*9]が私たちに希望と勇気を与えてくれます。

*9——ペーター・ペーターセン著『小さなイエナプラン』の中の言葉（リヒテルズ直子『オランダの個別教育はなぜ成功したのか』（平凡社）所載）。

将来どんな政治的、経済的な状況が生じるか、私たちはだれも知らない。未来は、人々の不満、利益追求、闘争、そして今の私たちには想像できないような新たな経済的、政治的、社会的状況によって決まるだろう。けれども、たった一つ確信を持って言えることがある。すべての厳しく険しい問題は、問題に取り組んでいこうとする人々がいて、彼らにその問題を乗り越えるだけの能力と覚悟があれば解決されるであろう、ということを。

この人たちは、親切で、友好的で、互いに尊重する心を持ち、人を助ける心構えができており、自分に与えられた課題を一生懸命やろうとする意志を持ち、人の犠牲になる覚悟があり、真摯で、嘘がなく、自己中心的でない人々でなければならない。そして、その人々の中に、不平を述べることなく、他の人よりもより一層働く覚悟のある者がいなくてはならないだろう。

持続可能な未来をつくるための鍵は、人々の意識と生活の中にあります。そのためには、今の私たちの生活、とくに教育や文化のあり方が根本的に問い直されなければなりません。私たちが本当に望む未来社会のビジョンについて、多くの人たちが立場を超えて議論し、合意を形成し、そのビジョンを共有する必要があります。そして、そのビジョンを実現するには、そのことの重要性に気づいた人たちが連携しながら、さまざまな問題を乗り越えて、人々の意識とライフスタイルを変えていく活動を地道に展開していかなければなりません。

そして、その活動のリーダーシップをとるのは、民主的なライフスタイルを身につけ、世界的な広い視野をもつ自立した人々だろうと思います。そうなれば、きっと「民主的で持続可能な社会」が実現するでしょう。

子どもたちに多様な教育の選択肢を与えよう

憲法に定められた義務教育制度のもとで子どもたちは教育を受けていますが、教育を受けるのは子どもの義務なのかというと、実はそうではないのです。子どもには教育を受ける権利はありますが、義務はありません。子どもに教育を受けさせる義務があるのは親です。そして、そのための学校をつくり、無償で教育を提供する義務が国にあるということなのです。義務教育のことを英語ではcompulsory education（強制的な教育）といいますが、本来はfree education（無償の教育）というべきでしょう。

一口に義務教育といっても、国によっていろんなやり方があります。例えば、ＯＥＣＤ（経済協力開発機構）が実施するＰＩＳＡ学力テストで、つねに世界のトップクラスの成績をおさめているフィンランド。この国の場合、義務教育段階では、暗記力ではなく「コミニュケーション能力や問題解決能力を高める」ことを徹底しています。それだけでなく、「教育を徹底的に現場に任せる」、「競争させるよりも学ぶことの意味を理解させる」などの取り組みがなされているのです。真に民主的な国では、国が教育の中身まで干渉することはありません。なぜなら、自由な環境の中でこそ、人格や創造性が豊かに育つと考えられているからです。

一方、日本では、学習指導要領や教科書などによって国が教育の中身を規定していますが、国が真剣にそれらの力を育てようと思うのなら、画一的な教育の押しつけをやめて、それぞれの学校で独自の教育の方法を模索し、創意工夫することを奨めるべきです。そういった大人たちの創造する姿を見せることが、子どもの人格と創造性を最も豊かに育てる教育となるでしょう。

子ども（＝人間）には偉大な力が備わっています。それを生かすも殺すも教育次第です。もし、間違った教育がなされれば、子どもはその偉大な力を発揮する機会を失うでしょう。もし、正しい教育がなされれば、その偉大な力を発揮することができ、子どもは幸福な道を歩むでしょう。

正しい教育とは、個性が尊重され、その人らしく生きていくための教育です。それについては、この本の中で述べてきましたが、私たちの活動だけでなく、さまざまな試みがいろんな場所で行われています。この学校の卒業生や他のスクールの卒業生には、いくつか

の共通する特徴があります。それは、自己肯定感をもっている、自分でやりたいことを見つけることができる、自分の考えをしっかり持ち、主体的に行動できるといったことです。このことは、子どもの主体性を尊重する教育によって、主体性をもった子どもたちが育っていることを証明しています。

日本では、オルタナティブ・スクールやフリースクール、ホームスクーリングなどの多様な学びの場が公には認められていないので、ほとんどの人はその存在すら知りません。いろんな学び方があり、いろんな学びの場があることを多くの人に伝え、それを望む子どもには、それらの教育を選ぶことができるように教育制度をもっと柔軟なものに変える必要があります。そして、そのような多様な学びを支援する運動（コラム4参照）が既に始まっています。もし、それが成功すれば、子どもたちはもっと生きやすくなり、日本の教育は根本から変わることになるでしょう。

教育が変われば社会は変わります。成熟した市民社会の国々は、まさにそうやって社会を変えてきたのですから。子どもたちに多様な教育の選択肢を与えようではありませんか。

コラム4――日本における多様な教育

大正デモクラシーが盛んだった一九一〇―二〇年代にかけて、欧米の新教育運動の影響を受けて、児童中心の教育をする学校がいくつか生まれました。しかし、昭和になり日中戦争が始まると軍国主義教育が広がり、子どもの自由を尊重する教育が困難になりました。

第二次大戦後は、新しい憲法と教育基本法のもとで、アメリカの学校教育をモデルにした民主主義的教育が導入されて、教育は一新されました。しかし、文部省の定めた学習指導要領や検定教科書の強制的使用などによって、国家の教育への介入・統制が進められ、次第に教師の教育の自由度が減少していきました。

一九七〇年代になると受験競争がますます激化し、学力の一元的な評価が定着するようになり、それと同じ時期に、「落ちこぼれ」、「いじめ」、「不登校」といった問題が浮上してきました。不登校の児童生徒の数は年々増えて、一九九八年には十三万人になりました。

この頃、日本にもフリースクールがつくられるようになりましたが、これらは大きく分けると、独自の教育理念と方法を掲げたオルタナティブ・スクールと、不登校や学校になじめない子どもたちのための学習の場や居場所を志向するフリースクール、フリースペースとがあります。前者には、シュタイナー学校、デモクラティック・スクール、フレネ学校などがあります。

不登校の子どもたちの状況はさまざまで、フリースクールやフリースペースに行く子ばかりでなく、公立の適応指導教室に行く子、民間の学習塾や英語教室などに行く子、家庭で過ごす子などがいます。家庭で過ごす子の中には、親または他の大人が学業を教えるホームスクーリング（ホームエデュケーション）という学びの形をとる場合もありますが、その数は多くはありません。

日本に住んでいる外国籍の子どもたちのための学校は、韓国学校、朝鮮学校、中華学校がよく知られていますが、そのほかにもドイツ学校、カナダ学校、ブラジル人学校などがあります。また、いろいろな国の子を受け入れるインターナショナル・スクールも各地にあります。これらの学校の多くは各種学校または無認可の学校ですから、もし、日本人の子どもが通って卒業したとしても、日本の義務教育の課程を修了したとは認められませんし、公的な助成も得られないのです。

日本の教育は、世界の教育の潮流から三周遅れと言われるほど、多様な学びの場や教育方法が認められていません。しかし、日本でも無認可の学校が増えてきており、現実に多様な教育がなされています。また、家庭で子どもを育てる人たちも増えてきています。そのような人たちが今「多様な学びの形があってもいいのではないか」と声を上げ、「子どもの多様な学びの機会を保障する法律（仮称）」（資料2）をつくろうという動きが始まっています。

あとがき

箕面こどもの森学園の校舎は箕面市内の静かな住宅街の一画にあり、隣は小さな公園になっています。学園の校門を入って左手には、二本の桜の木が植わっています。その一本は卒業式の頃には花が咲き、学園を巣立つ卒業生を見送ってくれます。もう一本は入学式の頃に花が咲き、新しい生徒たちを迎えてくれます。子どもたちと一緒に作ったビオトープの池には、今、睡蓮の花が咲き、時折、トンボが羽を休めにきます。そこは一年中途切れることなく植物や生物の生の営みが繰り広げられている小宇宙です。この学校もまた、そういう小宇宙の一つです。この小さな学校の中でも、毎日毎日、子どもたちと大人たちの生の営みが豊かに繰り広げられています。

私たちの学校ができて間もなく十年になります。この学校は市民の有志が協力して創ったユニークな学校です。学校設立の趣旨に賛同して支援して下さった方たち、この学校にご自分の子どもを託して下さった保護者の方たちがいらっしゃらなければ、この学校は存在しなかったでしょう。

この学園のことを書いた本を出版したいという私たちの思いを受け止めて出版を快諾いただき、本の編集にもいろいろご助言をいただいた築地書館社長の土井二郎さんに厚く御礼申し上げます。

最後に、学校の活動に快く協力して下さった多くの方たち、そして、私たちといっしょに学校をつくっていってくれた子どもたちとスタッフのみなさんに、この場をお借りして心から感謝の言葉を申し上げます。

追記

二〇一五年の春、私たちの学校がユネスコスクール（ユネスコが推進するＥＳＤ*――持続可能な開発のための教育――を実践する学校同士の世界的なネットワーク）への加盟が認証されました。これは、私たちが今まで行ってきた民主的で持続可能な生き方を追究する教育の考え方や学習内容がＥＳＤの目指すものと一致していることが理解されたからでしょう。こんな小さな学校でも、理想の教育に向かって挑戦すれば、世界でも認められるのだということがわかり、たいへん勇気づけられた出来事でした。

*――Education for Sustainable Development の略。環境教育や市民性教育、多文化理解教育などを含み、地球が持続可能であるために私たちがこれからやらなければならないことを考えて、子どもたちが主体的に学び、行動することを支援する教育。

資料1

わくわく子ども学校設立趣意書

二〇〇一年二月作成

1――設立の目的

一九六〇年代以降、日本は驚異的な経済発展を遂げ、物質的に豊かな社会を実現しました。しかしその反面、社会にさまざまな歪みを生じさせ、人びとは不安やストレスを感じながら毎日を暮らしています。大人ばかりでなく子どもたちもまた、いじめや不登校、学級崩壊といった現象にみられるように、学校といった社会で生きることに困難を感じています。学校の危機の背景には、個人の欲望を肥大化させる産業社会の進展といった大きな問題がありますが、学校システムそのものに内在する問題も看過できません。

これまで当然とされてきた、学年毎に学習内容を規定する教育課程、教科書中心の授業、教師から子どもへの一方通行の教授方式などが時代にそぐわなくなっていることが、最近では認識されるようになってきました。そして、従来の標準的な学力を獲得させるための教育から個性を重視する教育へと学校教育の目標が変わりつつありますが、人間の個性とは何か、どのようにしてそのような教育を行うのかといった点についての議論がまだ不十分のように思われます。

私たちは、教育におけるこれらの問題を根本的に解決するには、従来の『産業社会に適応できる人間を育成するための教育』から、生徒の自発的な学ぶ意欲に基づいた『人間の自然な成長を支援するための教育』へのパラダイムの転換が必要だと考えています。

子どもを主体とする教育

今から一六〇年ほど前、デンマークの教育改革者グルントヴィは書物中心の教育をする学校を『死の学校』とよび、人と人との対話すなわち『生きた言葉』による教育をする学校を『生の学校』とよびました。その考えは今日の北欧諸国のフォルケ・ホイスコーレやフリースコーレとよばれるオルタナティブ・スクールに受け継がれています。世界中で最も自由な学校とよばれたイギリスのサマーヒル・スクールの創立者のA・S・ニイルは「子どもたちの感情的抑圧を取り除くことによって、より自由な人間になれる」といい、その考えは今日の多くのフリースクールの教育方針となっています。フランスのフレネ学校の創始者セレスタン・フレネは「子どもは自分が役立ち、自分に役立ってくれる理性的共同体の内部で、自己の人格を最大限に発展させる」といっているように、子どもたちはお互いの労働を組織し、協働するなかで人間的交流を深め、発達していくものと考えています。アメリカのサドベリーバレー・スクールのダニエル・グリーンバーグは「子どもたちは好奇心によって自ら学ぶ」といい、教師や学校の役割は、そのための用意周到な環境を整えることにあると考えています。

私たちは、これらの先達の教えに習い、子どもたち自らの意思で学ぶ新しいタイプの学校を構想しました。この学校は生徒数八十人くらいの小規模で、そこでは生徒とスタッフが生活をともにしながら、エコロジカルで民主的な教育がなされます。そこでの教師の役割は、将来必要になる知識や技術を教え込むことではなくて、子どもたち一人ひとりの自立的な成長のプロセスを支援することにあります。この学校には、子どもたちが心ゆくまで遊び、学ぶための十分な時間と空間が用意されています。そのような教育環境のもとでなら、子どもたちは抑圧から解放され、本来の好奇心を呼び覚まし、学ぶことの喜びを知り、自分らしい生き方を追求することができるでしょう。

私たちは、以上の構想を実現するために、ＮＰＯ法人の小中学校を二〇〇四年に開設することを目標に設立の準備をすすめています。

2——教育の方針

大人と子ども、先生と生徒、これらの境界線をとり払い、年齢や立場にかかわりなく対等な人間として尊重しあうときに、本当の学びの場が形づくられます。そのような場で、子どもたちが自らの欲求によって学ぶとき、それは自分の世界が拡がる喜びの経験となります。子どもたちは、このような経験を積み重ねることによって、自己に対する信頼を強固なものにし、肯定的な自己像を確立することができるのです。

私たちは、生徒たちがこの学校でのさまざまな経験を通して、民主的で共生的な生き方を学び、既成の概念や権威にとらわれることなく、自分自身の考えで判断し、行動していくことのできる、自立した人間に育ってほしいと思っています。

自発的な学び

人は何のために学校で学ぶのでしょうか。将来、よい職業につくためでしょうか。それとも、社会に貢献するためでしょうか。それらは親や学校の要求であって、本当の学びの欲求はもっと個人的な動機に基づいています。それは「いったい全体、自分のまわりの世界のしくみはどうなっているのだろうか?」「このことが起こるのはなぜだろうか?」「自分はこのことができるようになりたい!」といった好奇心や向上心によるのです。

人は自分自身の生活のなかで学ぶ必要を切実に感じたときに最もよく学びます。赤ん坊が言葉を覚えるのは、まわりの人びとに自分の要求を分かってもらいたいという切実な欲求があるからです。私たちは生徒たちに知識を押しつけるのではなくて、かれらが求めるまではじっと見守り、かれらの要求があったときにはじめて学びを支援するのが教師の本来の役割だと考えています。

自己決定と自治

この学校では個人の自由が尊重され、生徒たちが自分で考え、自分で決定し、行動することが奨励されます。自由というと、とかくわがまま、放縦と混同されますが、自由に生きることには、自分自身を律する厳しさと、行為の結果に対する責任が要求されます。

自由には他者の自由も含まれますから、当然のことながらそこには自分の自由と他者の自由との間に葛藤が生じます。この二つの自由の間の葛藤を民主的なやり方で調整することによって、民主主義の社会が成り立つのです。個人の自由は尊重されなければなりませんが、同時に個人と個人とが協力してものごとを進めていくことが大切です。

この学校の生活が生徒たちにもスタッフにとっても快適であるためには、共同生活のための守るべきルールとその実効性を保証するための組織が必要です。この学校では、学校の運営に関わる重要な事項や校内で起こった問題の解決は、ミーティング（全校集会）やコミティー（委員会）において話し合われます。これらへの参加は民主主義の実践のまたとない機会を与えます。

共生的な生活

二十一世紀は、これまでの大量生産・大量消費の社会から、持続可能な社会へと変わっていくでしょう。そして、人間の過剰な欲望をコントロールし、自然と人間との関係が調和のとれた暮らし方、すなわちエコロジカルな暮らし方が大事になるでしょう。

この学校では、国籍・年齢・学力・障害の有無・家庭状況などに関係なく、いろいろな個性をもった人たちが集まり、それぞれが個としての違いを認め合いながら、人と人、人と自然の関係が調和のとれた共生的な暮らし方を学んでいきます。

このような生活の体験の中から、生徒たちは共感・思いやり・協力・分かち合いといった共生的な価値観を自得し、信頼や貢献といった社会に対する積極的な関心や態度を身につけることができるでしょう。

資料 2

子どもの多様な学びの機会を保障する法律の骨子案

多様な学び保障法を実現する会
二〇一三年二月作成

提案の趣旨

私たちは、多様な個性の子どもたち、多様な状況を生きる、すべての子どもたちが、安心して育ち、学びの場を自由に選び、幸せに成長できる社会を願い、ここに「子どもの多様な学びの機会を保障する法律」を提案いたします。

日本国憲法は、戦前の天皇制教育への反省に立ち、国民主権の原理のもと、「国民は教育を受ける権利を有する」と定め、教育は義務ではなく、学び育つ主体としての子ども自身の基本的人権として、学ぶ権利を保障する営みに変わりました。子どもの学ぶ権利を満たすため、学校教育法が作られ、行政は学校設置義務を負うことになりました。そして戦後六十年あまり、日本の教育は、高い就学率を誇り、ある意味、経済の高度成長を支え、かつて見られない高学歴社会となりました。

しかし、現在、いじめ、いじめを苦にした自殺、不登校、学習意欲の低下、学級崩壊、校内暴力の増加、発達障害への無理解、外国人学校への無権利状況等、種々の問題を抱え込んでいます。これらの状況は、一人ひとりの子どもの学ぶ権利が充分満たされておらず、安心して学んだり、自分に合った学習や成長ができずに苦しんでいる姿だと、私たちは捉えています。

そこで、私たちは、すべての子どもに学ぶ権利を保障するために、学校で学ぶ以外にも、多様な学びが保障される仕組みが必要だと考えます。〈中略〉私たちは、今、学校教育法一条校以外の場で学んでいくことも、学ぶ権利の保障の一環として法的に位置づけられ、公費で保障されるようにしたいと思います。その根拠をつくるため、多様な学びの機会の選択を保障する法律の制定を求めるものです。〈中略〉

以上の趣旨により、「子どもの多様な学びの機会を保障する法律」の制定を提案します。

1——目的

この法律は、子どもが、その個性を尊重され、一人ひとりそれぞれの学習のニーズに応じて、多様な学びの場を選択できるようにし、普通教育の機会の確保と環境の整備をし、基本的人権としての子どもの学ぶ権利を保障することを目的とする。

2——子どもの基本的人権としての学ぶ権利の保障

①子どもは、基本的人権としての学びを充分に奨励され、支援され、および保障され、自分に合った学びの場と方法を選ぶ権利を持つ。

②子どもは、一人ひとりそれぞれの個性や学びのニーズに応じた、適切かつ最善な教育の機会および環境を享受する権利を持つ。

③子どもは、九年間の普通教育を受ける権利を持つ。

3——多様な学びの選択保障

①子どもは、それぞれの学習ニーズに応じて、「学校教育法第一条に定める学校以外の家庭を含む多様な学びの場」（以下「多様な学びの場」という）で、普通教育を受けることができる。

②保護者は、子どもが「多様な学びの場」での学びを選択した場合、普通教育が十分に行える機会および環境を整える責任を負う。

③保護者は、子どもを「多様な学びの場」で学ばせることによって普通教育を受けさせる義務を果たすことができる。

④子どもが「多様な学びの場」で普通教育を受ける場合、保護者は市町村に届け出る。

⑤保護者は④の届出を行うにあたり、その子どもの意思を尊重し、学習方針や学習内容

に関する子ども自身の意見を付記して届け出る。
⑥国および地方公共団体は、子どもの学ぶ権利を保障するための支援体制をつくる。

4――学習支援金の給付

①市町村は、六歳以上の子どもが「多様な学びの場」で学ぶ場合、その保護者に学習支援金（前期）を九年間給付する。ただし、小学校および中学校に就学している期間は給付しない。
②都道府県は、子どもが①の給付を受けて学んだのち、または小学校および中学校で学んだのち、ひきつづき「多様な学びの場」で学ぶ場合に、その保護者に学習支援金（後期）を三年間給付する。ただし、高校等に就学している期間は給付しない。
③「多様な学びの場」のうち、登録された学習機関は、保護者に代わって学習支援金を受領し、その学習機関の授業料に充てることができる。

5――学びの支援体制

①「多様な学びの場」を支援する体制に関する指針（大綱）を示すため、国は、指針（大綱）を検討する会議を設置する。
②①の会議は、「多様な学びの場」の関係者（実践者、経験者、保護者、研究者、専門家

等）で構成する。
③「多様な学び場」への支援は、「多様な学びの場」の関係者が自主的に支援することを基本とする。このため、国は、「多様な学びの場」を支援し推進する全国レベルのセンターとして、「多様な学びの場」の関係者によって設立される団体「（仮称）多様な学び支援推進機構」を指定する。
④地方公共団体は、地域レベルの学習支援センターをつくる。

〈6～14は略す〉

※この骨子案は『多様な学び保障法を実現する会』のホームページに掲載されている。

著者連絡先

箕面こどもの森学園

大阪府箕面市小野原西6－15－31

〒562－0032　tel&fax：072－735－7676

e-mail：kodomomori@nifty.com

著者紹介

辻 正矩（つじ・まさのり）

大学で建築学を学び、卒業後、建築設計事務所に3年間勤務。その後、大学で建築計画と建築設計を教える。大学生の学習意欲のなさから日本の公教育のあり方に疑問をもつ。フリースクールの存在を知り、日本や海外のフリースクールを多数訪問する。1999年に『大阪に新しい学校を創る会』を立ち上げる。2004年、箕面市にNPO法人立『わくわく子ども学校』が開校、校長になる。2009年に『箕面こどもの森学園』学園長になる。［写真左上］

藤田美保（ふじた・みほ）

小学生のとき、『窓ぎわのトットちゃん』を読み、自由な学校に憧れる。大学で教育学を学び、卒業後、公立小学校の教師になるが、学校の体制に疑問をもち退職。憧れていた自由学校への道を模索し始める。大学院で学んでいたときに、『大阪に新しい学校を創る会』に出会う。2004年に『わくわく子ども学校』の常勤スタッフに、2009年に『箕面こどもの森学園』校長になる。［写真左下］

守安あゆみ（もりやす・あゆみ）

ニイルの自由教育を学んだ両親のもとで育ち、大学で教員課程を学んだが、学校教育に疑問をもち教師にならず、一般企業へ就職。結婚後はのびのび子育てをめざして、自主保育グループ『もりのこたんけんくらぶ』を立ち上げたり、親業講座を学んだりした。子どもが『わくわく子ども学校』に入学すると同時に自身もスタッフとして参加。子育てグループ『はらっぱ』を立ち上げ、子育て支援活動にも力を入れた。2012年に常勤スタッフになる。［写真右下］

中尾有里（なかお・ゆり）

大学3年生の時、就職活動のあり方に疑問を感じ、それまで興味のなかった教育に目を向けはじめる。休学時に「自分が受けてきたのとは違う教育」を求め『箕面こどもの森学園』に出会い、学習サポーターとなる。大学を卒業し、2012年に専任スタッフになり、2014年から2016年まで常勤スタッフとして勤務。［写真右上］

こんな学校あったらいいな

小さな学校の大きな挑戦

2013年10月19日　初版発行
2020年 8 月28日　4刷発行

著者　辻正矩・藤田美保・守安あゆみ・中尾有里
発行者　土井二郎
発行所　築地書館株式会社
東京都中央区築地 7-4-4-201　〒104-0045
TEL 03-3542-3731　FAX 03-3541-5799
http://www.tsukiji-shokan.co.jp/
振替 00110-5-19057
印刷・製本　シナノ印刷株式会社
造本装丁　吉野愛
イラスト画　岡安雅子
写真撮影　藤丸浩志

ISBN 978-4-8067-1468-2　C0037

● 築地書館の本 ●

遊びが学びにかかせないわけ

自立した学び手を育てる

ピーター・グレイ【著】吉田新一郎【訳】
2,400 円 + 税

異年齢の子どもたちの集団での遊びが、飛躍的に学習能力を高めるのはなぜか。

狩猟採集の時代の、サバイバルのための生活技術の学習から解き明かし、著者自らのこどもの、教室外での学びから、学びの場としての学校のあり方までを高名な心理学者が明快に解き明かす。

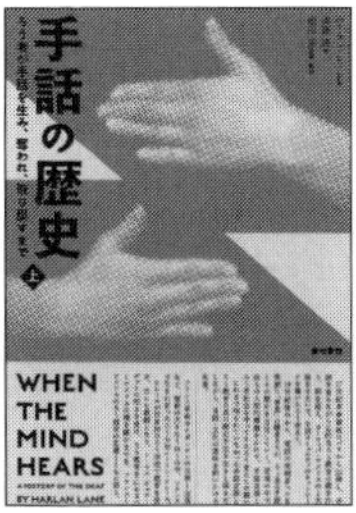

手話の歴史［上・下］

ろう者が手話を生み、奪われ、取り戻すまで

ハーラン・レイン【著】
斉藤渡【訳】 前田浩【監修、解説】
各 2,500 円 + 税

逆境の中で、自らの人間的尊厳をかけて、手話言語とろう者社会を守ってきたろう者たちの闘い。

これまで知られていなかった手話言語とろう教育の真の歴史を生き生きと描きだしながら、言語・文化の意味を問いかける名著。